MEMÓRIAS DE UM GERUBAL

CIP-BRASIL. CATALOGAÇÃO-NA-FONTE
SINDICATO NACIONAL DOS EDITORES DE LIVROS, RJ.

S718m
Souza, Roberto de Mello e, 1921–
    Memórias de um Gerubal : a história (vivida) da administração de pessoal no Brasil de
1945 ao século XXI : formação de um executivo / Roberto de Mello e Souza. – Rio de Janeiro :
Ed. Senac Rio, 2004.
    184 p. : 14cm x 21cm

    Inclui bibliografia
    ISBN 85-87864-41-6

    1. Souza, Roberto de Mello e, 1921 –. 2. Administração de empresas – Brasil. 3. Administração
de pessoal – Brasil – História. 4. Recursos humanos – Brasil.
    I. Título.

04-1701   CDD 658.00981
                                             CDU 658 (81)

ROBERTO DE MELLO E SOUZA

MEMÓRIAS DE UM GERUBAL

A HISTÓRIA (VIVIDA) DA ADMINISTRAÇÃO DE PESSOAL NO BRASIL

DE 1945 AO SÉCULO XXI

Formação de um executivo

MEMÓRIAS DE UM GERUBAL

A história (vivida) da administração de pessoal no Brasil de 1945 ao século XXI — Formação de um executivo

© Roberto de Mello e Souza

Direitos desta edição reservados ao Serviço Nacional de Aprendizagem Comercial — Administração Regional do Rio de Janeiro.

Vedada, nos termos da lei, a reprodução total ou parcial deste livro.

Presidente do Conselho Regional do Senac Rio | **Orlando Diniz**

Diretor regional | **Décio Zanirato Junior**

Editora Senac Rio
Avenida Franklin Roosevelt, 126/604
Centro — Rio de Janeiro — RJ — CEP: 20.021-120
Tel.: (21) 2240-2045 — Fax: (21) 2240-9656
www.rj.senac.br/editora

Editor | **José Carlos de Souza Júnior**

Coordenação de prospecção editorial | **Marianna Teixeira Soares**

Coordenação de produção editorial | **Elvira Cardoso**

Coordenação e revisão técnica | **Centro de Administração e Desenvolvimento Empresarial do Senac Rio**

Copidesque | **Adenílson Alves Cordeiro** e **Cynthia Azevedo**

Assistente editorial | **Karine Fajardo**

Revisão | **Carla Werneck, Cynthia Azevedo** e **Karine Fajardo**

Projeto gráfico | **Ouro sobre Azul** | **Ana Luisa Escorel**

Editoração eletrônica | **Ouro sobre Azul**

Assistente de produção | **Andréa Ayer**

Impressão | **Flama Ramos Ltda.**

1ª edição: agosto de 2004
Tiragem: 3.000 exemplares

A

VERA

FERNANDA

JOÃO CANDIDO

SUZANA

MARTA

no tranqüilo e no agreste

na cara e na coroa

Fortunate senex!

Cher ami, je suis vieux, je suis tombé dans la sagesse: miserere mei.

(Caro amigo, estou velho, a velhice me tornou ajuizado: miserere mei.)

| **Brillat-Savarin**

SUMÁRIO

11 | APRESENTAÇÃO

13 | PREFÁCIO

17 | CAPÍTULO 1
O GERUBAL

25 | CAPÍTULO 2
A FÁBRICA

33 | CAPÍTULO 3
ENCARREGADO DO PESSOAL

43 | CAPÍTULO 4
CHEFE, CHEFES

51 | CAPÍTULO 5
ADMINISTRANDO

63 | CAPÍTULO 6
SÃO PAULO

77 | CAPÍTULO 7
BUSINESSMAN DE ARAQUE

91 | CAPÍTULO 8
FERROVIA PAULISTA

109 | CAPÍTULO 9
CONSULTOR DE NOVO

113 | CAPÍTULO 10
I HAVE A DREAM

121 | CAPÍTULO 11
UM FOLHETO

147 | CAPÍTULO 12
WORKSHOPS

165 | CAPÍTULO 13
LEITURAS

169 | CONCLUSÃO

179 | REFERÊNCIAS BIBLIOGRÁFICAS

APRESENTAÇÃO | As relações humanas no trabalho estão passando por mudanças radicais decorrentes da nova ordem mundial trazida pela Revolução Informacional, cujas conquistas para a sociedade têm importância histórica e socioeconômica equivalente às da Revolução Industrial. *Memórias de um Gerubal* é um brado de alerta às empresas brasileiras – que precisam se ajustar às novas condições para não serem alijadas do mercado – por Roberto de Mello e Souza, um pioneiro nos estudos de recursos humanos no Brasil.

Além de considerações e comentários valiosos, este livro traz ainda um panorama da administração de pessoal nos últimos cinqüenta anos, numa linguagem acessível e bem-humorada, ilustrado por casos curiosos da trajetória profissional desse experiente consultor em integração organizacional.

O Senac Rio – por se tratar de uma organização voltada para o desenvolvimento profissional – tem grande orgulho em apresentar esta obra reconhecidamente oportuna e relevante, de inestimável contribuição para a administração empresarial no País.

Alessandro Santos Corrêa | Centro de Administração e Desenvolvimento Empresarial do Senac Rio

PREFÁCIO | Em *Memórias de um Gerubal*, o sexto livro de Roberto de Mello e Souza sobre administração de Recursos Humanos (RH), o autor nos apresenta, em linguagem clara e acessível, um painel da evolução da administração de empresas no Brasil nos últimos cinqüenta e tantos anos.

Começando por um relato bem-humorado e divertido de sua "iniciação" profissional numa fábrica do interior de São Paulo, a primeira parte deste livro é uma narrativa recheada de casos curiosos, ocorridos ao longo da trajetória profissional do autor, de "*office-boy* glamorizado" a executivo bem-sucedido, considerado por muitos o mais importante profissional de RH no Brasil e um pioneiro nos estudos dessa área de atuação.

Este livro prossegue, em linguagem de fácil compreensão ao leigo mesmo quando técnica, descrevendo as várias experiências profissionais e pessoais por que o autor passou ao longo de útil e produtiva vida, chegando, por fim, aos resultados obtidos dos estudos e das práticas administrativas que professou durante esses anos todos. Baseado nessas experiências, levanta questões quanto ao futuro das organizações empresariais, em face da Revolução Informacional em que estamos mergulhados.

Esta obra reforça, ainda, a vocação humanista que tem marcado sua vida de especialista em RH. Essa vocação – traço determinante da sua atuação profissional – veio da infância. Tendo crescido no meio de mais de cinco mil volumes das bibliotecas do pai e da mãe, foi por estes orientado em suas leituras para o melhor da literatura internacional.

Leitor contumaz, dominando quatro línguas além do português (desde cedo se familiarizou com o francês graças a uma estada na Europa com seus pais e seus irmãos em 1928 e 1929), foi aos poucos, com insaciável curiosidade intelectual, formando uma cultura geral bastante ampla. Foi esta decisiva para sua carreira quando, mais tarde, juntou a ela estudos das ciências do homem, formando assim a base teórica em que fundamentou sua prática administrativa.

O Brasil tornou-se o foco dos seus estudos como forma de compreender – para poder administrar com eficácia – o trabalhador brasileiro, sem agredir sua cultura. Por isso foi sempre frontalmente contra a indiscriminada importação de enlatados que desrespeitam nosso caráter nacional.

Seu estilo administrativo foi fortemente marcado por longo e íntimo convívio com o brasileiro da base da pirâmide social, nos seus dois anos e meio de exército (um dos quais lutando na Itália, na Segunda Guerra Mundial) e dez de vivência com o operariado na fábrica do interior de São Paulo onde começou a trabalhar, em 1945. A intimidade com o chão da fábrica despertou-lhe um grande amor por essa fatia tão sofrida do povo brasileiro que, como executivo de RH, teve sob sua responsabilidade.

Como estratégia administrativa, sempre acreditou que os critérios – ou, como diria seu mestre Douglas McGregor, as "convicções subjacentes" – muito mais do que os métodos – são o elemento mais importante da conduta do administrador.

Atualmente aposentado (mas não inativo), dedica-se ao estudo da sociedade contemporânea, da Era da Informação, na tentativa de alertar o empresariado sobre os perigos da falta de preparo para essa nova fase da administração de empresas e das relações de trabalho.

Memórias de um Gerubal cobre as quatro fases da carreira de Roberto de Mello e Souza na administração de pessoal, que coincidem com as fases da administração de empresas no Brasil.

A primeira fase dura dez anos, de 1945 a 1955. É a fase paternalista que se passa numa fábrica de cobertores no interior de São Paulo. Essa experiência é descrita longamente, com riqueza de detalhes, em vista da sua fundamental importância para a formação profissional do autor. Tenciona também contar aos profissionais, hoje altamente capacitados, o que era o empirismo e o recurso à improvisação de um "encarregado de pessoal" na pré-história da administração de RH.

De positivo, nesses dez anos, ficou o que o autor chama de "banho de gente" naquela década de convívio com o chão da fábrica e com os seus problemas humanos.

A segunda fase dura 12 anos em dois períodos de seis, passa-se em São Paulo, na Ford Brasil, e representa uma mudança radical nos seus critérios e no seu desempenho administrativo. Foi uma ducha de água fria no condicionamento paternalista e começou a ensinar-lhe a administrar racionalmente.

O lado negativo foi o excesso de racionalização que confinava a administração aos limites reduzidos da norma, do regulamento, bloqueando a criatividade e abrindo espaço para os desempenhos medianos (ou medíocres). Negativo também, nessa fase, foi o início da inundação de pacotes estrangeiros de pseudociência das relações humanas, que desviavam a atenção do executivo dos problemas reais de pessoal no Brasil.

A terceira fase durou quatro anos e foi um verdadeiro teste para seu aprendizado administrativo adquirido nessas duas experiências anteriores. Como diretor da Ferrovia Paulista S. A. (Fepasa), enfrentou o que lhe acenaram como sendo um problema insolúvel: a administração de pessoal da ferrovia.

Foram quatro anos de grande atividade, de muitos desafios numa empresa de propriedade do governo estadual, atormentada pela influência de políticos que viam nela, nos seus 26 mil empregados e quarenta mil inativos, um atraente eleitorado, um campo de influências e um enorme cabide de emprego.

Nesses anos, o autor teve a oportunidade de usar toda a sua experiência e toda a sua criatividade para levar a bom termo seu mandato. E considera esse período como o teste final da sua vida profissional e da sua capacidade administrativa. A quarta fase marca um período de muito estudo dos problemas desencadeados, na sociedade contemporânea, pela chamada Era da Informação. Não se refere ao desempenho administrativo, mas ao projeto Empresa Solidária, por meio do qual vem tentando mostrar ao empresariado, inclusive aos profissionais de RH, a necessidade de se prepararem para enfrentar com êxito as profundas modificações que vêm sendo trazidas pela Revolução Informacional.

Entre essas quatro fases, o autor narra também algumas atividades autônomas, inclusive como consultor especializado em integração organizacional, nas quais continuou exercendo sua profissão.

Fernanda Madueno | Psicóloga e assistente de consultoria de RH
São Paulo, setembro de 2003

CAPÍTULO 1 | O GERUBAL

(...) quem mói no asp'ro não fantasêia. | **Riobaldo** *Tatarana*

UM PROGRAMA DE TV Por volta dos anos 1960, a TV Record tinha um programa humorístico intitulado "Papai Sabe Nada". O papel principal desempenhava-o Renato Côrte Real como dono de uma fábrica de chupetas. Um dos seus auxiliares era encarnado, com muita graça, por Durval de Souza no papel de responsável pelo pessoal. Era um programa alegre e despretensioso e, no entanto, criou uma figura folclórica, antológica do nosso jargão administrativo. Confuso, passional, inseguro, intuitivo, movido a emoção e sem nenhuma técnica: Gerubal Pascoal – Chefe do Pessoal.

Em meados dos anos 1940, eu era o Gerubal de uma fábrica de cobertores no interior do Estado de São Paulo. E o desenho do personagem representado por Durval de Souza me servia como uma luva.

Como é que cheguei até lá? Fui chegando devagar.

Estava nos meus vinte e poucos anos, recém-chegado do front na Itália, onde combatera como soldado, aliás, cabo, da Força Expedicionária Brasileira (FEB). Aqueles dias e meses de guerra passei-os comandando uma esquadra (sete homens) do pelotão de minas do 6º Regimento de Infantaria, minha primeira experiência de liderança, e experiência brava. (Só muitos anos mais tarde me dei conta de como foi importante para minha formação e para minha futura carreira de executivo o exercício de liderança em missão perigosa, comandando meu pessoal nos campos minados da terra de ninguém onde um erro seria certamente o último. Entre outras recordações, ficou-me a de que gostei de liderar e assumir a responsabilidade das decisões.)

O proprietário da fábrica tinha sido cliente do meu pai, médico, e, ao meu retorno da Itália, se dispusera a me favorecer com um emprego numa das suas indústrias.

Naquele tempo não se falava de organograma, não havia um desenho claro da organização de modo que inexistia propriamente uma "vaga no quadro de pessoal", um espaço a ser necessariamente preenchido para recompor uma lotação desfalcada. O que moveu o dono da fábrica, além da simpatia pelo meu pai falecido, foi o desejo de me arrumar uma "colocação" com a esperança de que eu, "gente conhecida", poderia vir a ser um elemento útil à organização, um bom colaborador, não se sabia bem em que campo. O cargo-meta a ser um dia ocupado e a escavação do meu futuro ficavam por minha conta e risco. (Bem mais tarde compreendi que havia muito mais risco do que conta.)

Naquele tempo, repito, recrutavam-se os conhecidos e, preferivelmente, os parentes. A idéia geral era de que gente "bem" deveria dar empregado bom.

Quando me recrutou, o dono da fábrica, meu futuro patrão, me informou: "Para o nosso pessoal nós exigimos berço." E eu, pensando nos meus possíveis antepassados, me senti altamente lisonjeado. Prosseguiu: "Exigimos berço até para os nossos office-boys." E a minha breve euforia genealógica desvaneceu.

Antes de embarcar para o interior conheci, nos belos escritórios da rua Boa Vista, o diretor-superintendente que deveria me orientar e que, ao me cumprimentar, quase esmagou meu metacarpo. Pouco depois me informou que "identificava a personalidade de qualquer um no primeiro aperto de mão". Memorizei gulosamente o dito convencido de que, para assumir um cargo importante, deveria adquirir também essa extraordinária capacidade. E, interiormente, me repreendi por não lhe ter dado um vigoroso aperto de mão, revelador de personalidade forte.

Falou-me da fábrica, sobre a matéria-prima dos cobertores que, fiquei sabendo, eram tecidos a partir de resíduos de algodão. Apresentou-me amostras de línter, de piolho de carda, de varreduras que dariam os fios da trama, mostrou-me fios de urdume e me explicou como eles se entrelaçavam nos teares. Terminando e já se levantando para me dispensar, emitiu solenemente o seguinte conselho: "Não sorria nunca na fábrica. Se você sorrir, sorri o mestre, ri o contramestre, gargalha o operário e você acaba se desmoralizando. Eu não sorrio nunca." E era verdade, coitado.

O INÍCIO Despedi-me de São Paulo, arrumei minhas coisas e fui para a fábrica onde começou o meu "treinamento". Constava de ficar o dia inteiro parado, observando o trabalho de seção por seção: lobos, desfiadeiras, mistura, cardas, maçaroqueiras, urdideiras, teares, tinturaria, garzadeiras, sala de pano, embalagem, tudo no prédio principal da fábrica e mais as oficinas de manutenção em seus prédios próprios. Empregados eram mil e duzentos divididos em três turnos, manhã, tarde e noite, este último das 22h às 6h da manhã, horário pesado.

Como eu só ficava olhando sem mexer em nada, vivi um tédio sem limites. Ninguém me ensinava coisa alguma, ou quase nenhuma, inclusive porque os mestres tinham um grande ciúme profissional, não gostavam de, como se diz, entregar o ouro a um recém-chegado. O pior é que, parado durante horas a fio numa seção que era só movimento, eu me tornava um perfeito dois-de-paus, exposto aos olhares curiosos dos trabalhadores e, pior, das trabalhadoras. Acho que a administração esperava que as técnicas administrativas e operacionais, por osmose, penetrassem minha pele virgem de trabalho fabril. (Era a primeira vez que via uma fábrica por dentro.)

Mandaram-me depois para o escritório e o aprendizado recomeçou, ainda mais contemplativo e ainda mais tedioso.

(Mais tarde reconheci que esse estágio sem método e mal orientado era uma prefiguração, amadora e desajeitada, mas bem-intencionada, do treinamento vestibular da fábrica moderna.)

Sem ter aprendido praticamente nada, sem entender coisa nenhuma da indústria de cobertores de resíduos de algodão, fui considerado apto para o trabalho. Então me puseram a uma mesinha minúscula (sob a qual inclusive não conseguia cruzar as pernas) perto da mesa do subgerente. A simples diferença de dimensão das mesas indicava com clareza a insignificância do meu *status* em comparação com o do subgerente, ainda mais que ele se sentava confortavelmente numa cadeira de braços. Giratória. E podia cruzar as pernas.

Na mesma sala e em mesas de tamanho intermediário, ficavam o auxiliar de caixa e o caixa-pequena, com seu cofrezinho particular e cuja principal movimentação contábil consistia em abastecer de comestíveis e outros perecíveis a despensa da "chácara". (Era assim que se chamava a linda moradia com as paredes cobertas de hera do proprietário, plantada numa gleba de 120 alqueires bem cultivados e rodeada de jardins.) O que significava que o caixa-pequena tinha como responsabilidade maior não servir à administração da fábrica, mas à senhora do proprietário. Essa situação revelava claramente a natureza "doméstica" do trabalho na organização paternalista. (Porque eu estava, sem compreender naquela época, profundamente mergulhado numa organização paternalista.) Lembro-me ainda de alguns lançamentos do caixa-pequena que, mesmo ignorante, me surpreenderam como documentos contábeis de uma grande indústria: "Referente à compra de quatro frangos, dois quilos de farinha de trigo, três filés *mignons*, sete quilos de carne de vaca e porco, dois maços de fósforos" etc. etc. Na mesma linha, anote-se, quem encerava o chão dos cômodos da chácara era um dos porteiros da fábrica, o Benedito.

Esmiuçando mais um pouco essa característica doméstica, ancilar da administração paternalista, vejamos algumas das funções extracurriculares do auxiliar de caixa-pequena.

O gerente da fábrica, o número um local, era um ex-alfaiate amigo do dono, com uma original organização capilar. E o caixa-pequena, seu ex-barbeiro, tinha por incumbência, desde há muito, a manutenção da sua aparência. Este arranjou-lhe, é claro, uma colocação.

Aliás, o mérito do caixa-pequena não era de se desprezar. Ao número um local restava apenas, além da cobertura da nuca, dois tufos encimando as orelhas e aureolando uma imponente calva central. Nessas condições tão adversas, era o ex-barbeiro que dominava a arte sutil de repuxar os longos fios cultivados sobre a orelha direita e ajeitá-los ardilosamente sobre o descampado central, cobrindo-o com tanta maestria que até um topete conseguia erguer sobre os lobos frontais do número um. Essa prática se realizava todas as manhãs, chovesse ou fizesse Sol, durante cerca de quarenta minutos, enfurnados ambos na sala do gerente, horário cuja privacidade não deveria ser vulnerada nem pela asa remota da imaginação. Depois do *make-up*, o gerente, barbeado e penteado, abria a porta do escritório que dava para as maçaroqueiras e mostrava-se à fábrica.

OFFICE-BOY À minha minúscula mesinha então, comecei a edificar o meu futuro.

Quando aceitei, desvanecido, a oferta de emprego, minha mãe, meus irmãos e também eu, nos enchemos de alegria e esperança. Exultamos. Até então, carreira só se pensava nas três liberais: médico (como o pai falecido), engenheiro e advogado. Ou então fazendeiro como tanto parente próximo, inclusive também o pai. Eu ia ser o primeiro a me engajar na Indústria (com I maiúsculo), fonte inesgotável das grandes fortunas, fonte dos Matarazzo, dos Crespi, dos Pereira Inácio, do próprio dono da fábrica na qual eu ia trabalhar e fonte, portanto, do meu próspero porvir. Aos nossos olhos inexperientes, na nossa santa ilusão, o *industriário* foi confundido com e elevado a *industrial*.

E, de repente, com todas essas belas perspectivas na cabeça, estava eu ali, à mesinha perto do subgerente, *office-boy* recadeiro: aos 23 anos de idade. Mas tudo bem. Com certeza o início "por baixo" era o primeiro passo necessário para galgar a escadaria de um futuro brilhante. (Como diria Drummond: "Ai de mim, que mal sonhava.")

Esse subgerente que mandava em mim era, por coincidência, o Waldemar, pouco mais velho do que eu, contemporâneo de ginásio e companheiro de muita pelada no campo de futebol. Tratamo-nos, portanto e desde o início, com a maior familiaridade: Roberto para cá, Waldemar para lá, como convinha a dois velhos conhecidos. Até que no segundo ou terceiro dia ele me chamou para um particular. Com voz grave e pausada sentenciou: "Aqui nesta fábrica ninguém me trata por você. Para todo mundo eu sou 'o senhor'. Eu é que trato todo mundo por você. Faça, portanto, o favor de, daqui por diante, me tratar por 'o senhor'."

Fiquei perplexo. Mas obedeci. Eu, que chamava meu pai e meu velho avô de você, não alcancei atinar por que um pronome de tratamento seria tão importante para indicar *status* e motivar respeito. Com certeza tratava-se de uma nova, misteriosa semântica administrativa (talvez uma peculiaridade da indústria de cobertores de resíduos de algodão) que a minha inexperiência não lograva entender. E obedeci. Passei a chamá-lo de seu Waldemar, o senhor.

Pouco a pouco fui percebendo que o relacionamento das pessoas na empresa deveria ser diferente do relacionamento social fora da empresa. O próprio seu Waldemar me ajudou a esclarecer: "Se você quiser me dar o prazer de uma visita, se você quiser ir almoçar comigo e com a minha esposa, lá em casa, pode me tratar por você. Mas aqui dentro, não."

Lembrando-me do não-sorriso do diretor-superintendente, comecei a perceber que o comportamento do número um local e do subgerente era artificial. Eram dois homens bons e cordiais quando descontraídos, mas, quando se dirigiam a um subordinado para dar uma ordem, enrugavam o sobrolho e mudavam até o tom de voz. Percebi que a bronca, o pito eram não só necessários mas imprescindíveis à manutenção da autoridade. A vitória nossa de cada dia era conseguida quando eles podiam flagrar um erro do subordinado que lhes permitisse, como se diz, "subir nas tamancas" ou, se me permitem uma expressão mais popularesca, "quando podiam abrir a caixa de ferramenta e deixar cair", quer dizer, malhar o coitado. Curiosamente, no jargão local, o pito chamava-se "café". Diziam antecipando o prazer: "Vou dar um café em fulano de tal." Adoravam descobrir algum erro dos subordinados para poder aplicar um "café". E o prazer era diretamente proporcional à hierarquia do repreendido, fosse um contramestre, ou, ainda melhor, um mestre. E a alegria era grande inclusive porque, apontando uma falha do mestre ou do mestre-geral, afirmavam uma supremacia de conhecimento administrativo ou operacional que lhes reforçava infinitamente o ego. Para ser um bom chefe, era necessário entender de tudo melhor do que todos, era necessário ser infalível.

Uma ocasião, apontando um erro do chefe do escritório, que lhe provou que estava certo, o subgerente, interdito, à beira de um colapso de auto-estima, saiu do embaraço com esta pérola: "Pode ser que esteja certo, mas está 'portuguesmente' errado!" E recompôs o ego machucado.

Mais tarde, bem mais tarde, quando comecei a ler os mestres das ciências do comportamento, percebi que, naquela época, estava vivendo o que iria aprender depois.

Divergindo do padrão normal de aprendizado profissional em que os rapazes e as moças estudam, formam-se primeiro e depois é que vão trabalhar, eu estava tendo o privilégio (em termos de amadurecimento profissional precoce) de trabalhar primeiro e estudar depois, movido pela necessidade prática de entender o fundamental das relações de trabalho. Quando li Katz e Kahn — PSICOLOGIA SOCIAL DAS ORGANIZAÇÕES — e suas formulações de "sistema fechado e sistema aberto", eu já tinha adquirido, com a experiência (por vezes dura), a prática sobre as quais eles discorriam ensinando seus fundamentos psicossociais, explicando como e por que as pessoas julgam necessário, para o êxito do seu cargo de comando, usar duas personalidades diferentes: uma fora e outra dentro. Essas pessoas, ao entrarem na fábrica, como que se despiam da personalidade adequada ao papel exigido pela vida em sociedade e vestiam uma nova personalidade, a seu ver necessária no seu novo papel intramuros.

Ia me adaptando e, no ínterim, não fazia quase nada. Levava e trazia papéis, embromava pela fábrica fazendo cara de quem estava trabalhando e, como atividade burocrática propriamente dita, preenchia o Livro de Limpeza de Cardas, uma das maiores inutilidades que perpetrei em toda a minha vida.

"Trabalhava" das oito da manhã às sete da noite, e os dias e noites transcorriam num tédio espesso, compacto, tangível. Sentia-me muito só, sem uma boa prosa, embora morasse confortavelmente na chácara, numa grande e real manifestação de cordialidade e atenção dos meus patrões.

Comia bem, dormia melhor ainda, andava de um lado para outro, passeava pela propriedade e não fazia nada, absolutamente nada de útil. Ia ao cinema, ouvia música e lia, lia muito, dilatando uma cultura humanista iniciada desde a infância na casa dos meus pais e que foi a determinante maior do meu desempenho futuro de executivo e consultor de RH.

Foi nessa época que conheci Guimarães Rosa e a sua SAGARANA, contos surpreendentes como O BURRINHO PEDRÊS, personagens extraordinárias tais como Lalino Salantiel e o cavaleiro andante herói dos heróis, Augusto Matraga. Foi aí também que bati de frente com Pablo Neruda. Um poeta, dos da Semana de Arte Moderna, não me lembro qual, dizia: "Uns tomam éter, outros cocaína, eu tomo alegria." Eu tomava poesia.

Vali-me sempre da poesia como antidepressivo, como tranqüilizante, como analgésico psicológico. Extasiei-me com Neruda e com Lorca e incorporei seus versos no meu sistema, e eles se tornaram a companhia de que eu precisava no meu isolamento.

Fui conhecendo o pessoal. Os mestres, os contramestres, os operários, as operárias. E assim ia me envolvendo e sendo envolvido pelos mores do paternalismo empresarial.

Convivi com o pessoal, principalmente com os operários cuja vida, sentimentos e expectativas me atraíam particularmente. Já me dera bem com o pessoal simples da base da pirâmide desde os meus dois anos e meio de exército, nos quartéis do Rio de Janeiro e de Caçapava, nos acampamentos e nos pegas do front. Já conhecia, portanto e de perto, essa faixa de Brasil feita de gente tão boa, tão amável, prestativa, trabalhadeira e sofrida. Na fábrica (como no exército) me receberam afetuosamente e com os operários passei, como se verá mais adiante, alguns dos momentos mais instrutivos e mais agradáveis da minha vida.

CAPÍTULO 2 | A FÁBRICA

Um dos primeiros quesitos para um indivíduo que queira carregar lingotes de ferro como ocupação regular é ser tão estúpido e fleumático que mais se assemelhe em sua constituição mental a um boi. | **F. W. Taylor**

Os infames estudos de tempo-movimento de Taylor levaram a imagem smithiana da fábrica de alfinetes a um extremo sádico, mas Taylor tinha pouca dúvida de que suas cobaias humanas aceitariam passivamente a medição e a manipulação. | **Richard Senet**

INSTALAÇÕES A fábrica era térrea, enorme, com o edifício principal em forma de U quadrado, deitado no chão. Olhando de frente para a base do U, o processo industrial começava na ponta da perna direita, numa seção chamada lobos que dava início ao beneficiamento de matérias-primas. Em seguida vinham as desfiadeiras nas quais resíduos diversos de tecidos eram transformados em fios.

Ao lado das desfiadeiras ficava uma saleta em que se picavam retalhos de tecidos que também iriam alimentá-las. O serviço era manual, executado por mulheres velhas (algumas me pareciam velhíssimas), com panos amarrados na cabeça ou simplesmente desgrenhadas. Não tinham cadeiras ou bancos, trabalhavam agachadas no chão, cada uma na frente de um cepo baixo de madeira, manejando um facão de folha larga com que picavam o material.

Essa seção sempre me fascinou com o martelar das lâminas e o zumbido incessante das Eumênides tagarelando enquanto manejavam seus terçados. Dantesco. Uma dessas Eumênides, Maria do Carmo, vinha às vezes, quando me tornei Gerubal, conversar comigo no escritório. Tratava-me de "meu fio" e foi uma das criaturas mais doces que conheci.

Depois das desfiadeiras e ainda na perna direita do U, vinha o depósito da mistura onde o material beneficiado era misturado para dar cor e consistência aos fios da trama do cobertor.

Foi nesse depósito que, num dos meus dias de aprendizado, presenciei um exemplo sintomático (e da burrice) do "café" dado pelo subgerente ao mestre-geral da fiação. Era ali que se guardavam os sacos de "pêlo de garza", material sem utilidade na manufatura de cobertores e que a empresa vendia para uma indústria acho que de estofamento.

De um dos sacos tinha caído um punhado do material, não mais que uma mancheia. O subgerente olhou furioso para o mestre-geral apontando para o vazamento e berrou: "Quinhentos réis o quilo!" (ainda se falava na moeda antiga) e partiu pisando forte, entusiasmado com a sua exibição de "autoridade" e me olhando de lado para colher a impressão.

A seção de mistura terminava a perna direita do U e aí se entrava no começo da perna horizontal pela seção de cardas, onde o material misturado era cardado em finos véus de fibras paralelas e se transformava em fios grossos quase sem torção. Em seguida eram torcidos nas maçaroqueiras e enrolados em espulas que, alojadas posteriormente nas lançadeiras, iam e vinham na mesa do tear fabricando, fio por fio, o cobertor. Nas maçaroqueiras terminava a fiação e começava a tecelagem.

O mestre-geral da fiação era um italiano imponente, já de certa idade, alto, muito forte, com o olhar sobranceiro dos homens acostumados a mandar com mão de ferro.

Contava que, nos seus tempos de aprendiz, os mestres andavam com uma correia de couro sobre o ombro e usavam-na no lombo dos aprendizes toda vez que se tornava necessário discipliná-los. (Mais tarde, estudando a

Revolução Industrial, especialmente em Technics and civilization, de Lewis Mumford, e em Historia general del trabajo, tradução espanhola da obra dirigida por Louis-Henri Parias, vi que o mestre-geral tinha sido treinado no modelo usado pelos mestres da tecelagem setecentista. E associei também com professores e chefes de disciplina do meu tempo de ginásio que davam reguada na cara dos meninos desobedientes. E pensei, como a brutalidade foi – e desgraçadamente ainda é largamente – usada como veículo, ou melhor dizendo, como simulacro de autoridade.)

Na primeira seção da tecelagem ficavam as urdideiras, máquinas que organizavam os finos fios de algodão puro do urdume que, no tear, iriam se entrelaçar com os fios grossos das espuladeiras.

Em seguida, a barulhenta tecelagem propriamente dita, populosa, com um tecelão por tear. Os teares eram antigos, alguns de antes da guerra de 1914, e os tecelões trabalhavam sem cessar, trocando as lançadeiras com a máquina funcionando, com uma destreza surpreendente. Ganhavam por produção (o infame *piece-rate* – sistema de pagamento por peça – de Taylor), de modo que, para aumentar seu ganho produzindo bastante, não faltavam, às vezes nem à morte do irmão ou ao parto da mulher, não iam ao banheiro, almoçavam um pedaço de pão com carne e uma caneca de café, trocando as lançadeiras e produzindo cobertor sem descontinuar um instante sequer sua cansativa tarefa. (Data daí a minha profunda aversão a Taylor.)

O mestre-geral da tecelagem era italiano também, vêneto. Viera criança para o Brasil junto com a família recrutada por um fazendeiro de café, e contava a noite em que fugiram da fazenda a que um contrato o amarrava, de trouxa na cabeça, escapando da dura lida no campo para cair na lida às vezes mais dura da cidade.

Não tinha o porte airoso do da fiação, mas, como aquele, era também um prático capaz, com escolaridade reduzida, um tarimbeiro de muita competência e coragem física, qualidade altamente desejável naqueles tempos de autoridade à bruta.

A tecelagem se prolongava até o começo da perna esquerda do U, continuada pela seção de garzadeiras (da qual saía o "pêlo de garza") onde o tecido era arrepiado em máquinas que lhe davam o tato aveludado.

MOTIM O mestre das garzadeiras (também italiano) tinha desempenhado um papel destacado na história da fábrica.

Em 1935, a Aliança Nacional Libertadora, ou seja, o partido comunista brasileiro de Luís Carlos Prestes e Agildo Barata, tentou um movimento para tomar o poder, movimento esse a que as autoridades oficiais deram o nome de Intentona Comunista. O pretendido levante fracassou, estourando apenas em alguns pontos esparsos do País, sendo um desses pontos a cidade onde, dez anos mais tarde, eu estava trabalhando. Um dos objetivos do movimento local era exatamente tomar a fábrica, de modo que, num dado momento, o prédio foi invadido por um grupo de ativistas logo contido pelo próprio pessoal da fábrica, armado, bem-organizado e preparado para resistir à invasão.

Esse episódio rendeu histórias às vezes meio fantasiosas de atos de bravura praticados pelos defensores, inclusive pelo proprietário que enfrentou os amotinados de pistola na mão. (Adorava relembrar e contar o feito.)

A ausência de surpresa que levou ao êxito da resistência deveu-se principalmente ao mestre das garzadeiras que se infiltrou entre os inconfidentes e participou de suas reuniões secretas, das quais recolhia e entregava à administração da empresa os carbonos em cima dos quais os planos eram traçados.

Era um homem bom e dedicado. Provara sobejamente sua dedicação arriscando a integridade física ou talvez mesmo a vida na defesa da organização em que trabalhava.

Mas depois dessa aventura de que se vangloriava com justa razão, assumiu o papel de dedo-duro oficial, acusando tudo e todos por atos que, julgava, revelavam pouca dedicação aos patrões.

Aliás, seja dito de passagem, o dedo-durismo é uma das qualidades mais louvadas nas administrações paternalistas.

O plano de invasão da fábrica, por uma gafe de pessoa envolvida, veio a saber-se que era conhecido por gente da cidade que mantinha relações as mais cordiais com o proprietário. Nenhuma dessas pessoas decidiu alertá-lo, o que provocou enorme revolta e tornou-se fonte de ódio imorredouro à cidade. Dizia ele: "Essa cidade é tuberculosa por fora e morfética por dentro." (O clima da cidade era tido como favorável ao tratamento de moléstias do pulmão.)

Esse ódio do proprietário deveria ser, sem comentário e sem restrições, compartilhado por todo o pessoal de colarinho branco sob pena de ser julgado desleal. Contaminou-me também e prejudicou demais o meu relacionamento com a sociedade local durante os anos em que lá vivi. E com ele contaminei (estupidamente) minha mulher depois que me casei. A lei do chefe era maior do que todas as outras leis.

AINDA AS INSTALAÇÕES Depois das garzadeiras vinha a sala de pano onde se dava acabamento e se costuravam as bainhas do cobertor e, ao lado dela, terminando a perna esquerda do U, embalagem e expedição.

A tinturaria era contígua à seção dos teares e as oficinas mecânica e de eletricidade, bem como a carpintaria, eram alojadas em pequenos prédios próprios.

O mestre da oficina mecânica, de origem alemã, tinha sido criado pelo mestre da tecelagem. Este me contava que, para criar os filhos e mais o mestre da mecânica, tinha se especializado em truques de cartas com os quais ganhava o dinheiro complementar. Tinha uma enorme facilidade com elas e uma espantosa sensibilidade com os dedos, sendo capaz de manejar o baralho sem perder contato com a carta que escolhesse. Mais de uma vez me mostrou sua habilidade.

No centro da base do U ficavam o saguão de entrada, os escritórios e, continuando a base, do lado direito, o longo prédio da matéria-prima. Do lado esquerdo, e também dando seqüência à perna horizontal, um depósito de produto acabado que virou mais tarde armazém de abastecimento.

Toda a longa frente do prédio era percorrida por uma estrada interna protegida por uma cerca enfeitada de cipó-de-são-joão. Acompanhando a cerca, um renque de cinamomos. Depois dela, os trilhos da então chamada Central do Brasil com suas estações de carga e passageiros.

Por uma porteira nos fundos do terreno da fábrica entrava-se na propriedade da chácara com jardins bem cuidados e, mais longe, nas cocheiras e nos estábulos de vacas holandesas. Em seguida, o resto dos 120 alqueires caindo para a várzea do rio Paraíba, quase toda plantada de arroz.

Por aí, quando me livrava do tédio do escritório, andava eu "mudo e só", obedecendo à regra tácita de não me comunicar com a cidade de "morféticos e tuberculosos".

Para me distrair lia. Recordo-me do convívio com Manuel Bandeira e Carlos Drummond. De Mário de Andrade, além da fascinação por MACUNAÍMA, ainda retenho a admiração que me causou sua capacidade de criar cadência e sonoridade audíveis, no verso branco.

Foi por essa época que tomei contato com o socialismo. Li MISÉRIA DA FILOSOFIA e CRÍTICA DA ECONOMIA POLÍTICA, li O MANIFESTO como li também Sidney Hook e Paul Sweezy, li Rosa Luxemburgo e Antônio Labriola, li Desroches e outros tantos estudiosos do marxismo.

Lia desordenadamente, sem nenhuma orientação (que aliás, adulto, nunca tive) para formação da minha pequena cultura, e essas leituras, e todo esse socialismo, se não imprimiram em mim uma vocação sectária (a política partidária nunca me atraiu), contribuíram e muito para uma compreensão melhor das desigualdades sociais e para uma visão mais profundamente humanista das relações humanas no trabalho. E, portanto, para minha formação de futuro executivo de RH.

Uma frase de Engels, no discurso sobre o túmulo de Marx, me marcou profundamente, e influenciou toda a minha vida administrativa: "Antes de poder se ocupar de política, de ciência, de arte, de religião, os homens precisam comer, beber, morar, se vestir." (Anos mais tarde vi essa proposição desenvolvida por dois psicólogos americanos freqüentemente invocados pela administração de pessoal: Ross Stagner e sua gradação de urgências; Abraham Maslow e seu modelo de aspirações crescentes.)

Foi por aí também que entrei em contato com o movimento de Economia e Humanismo e tive a grata satisfação de conhecer pessoalmente, conversar e conviver com o padre Joseph Lebret e seu inseparável amigo Santa Cruz, que se tornou também meu amigo e mais tarde editor de meus livros.

(À noite, quando voltava do trabalho, o padre Lebret, hóspede da chácara, me perguntava invariavelmente com seu sorriso bondoso: *"Robertô, qu'est ce que tu as fait aujourd'hui pour la montée humaine?"* O que você fez hoje pela promoção humana?)

ELEIÇÕES No fim desse ano, destronado Getulio Vargas, vieram as eleições para Presidente da República e eu votei pela primeira vez na vida. Vivera desde a infância na ditadura às vezes brutal de Vargas e aprendi a detestá-lo em casa, numa família de vocação liberal e profundamente democrata.

Despedido Getulio pelos comandantes da Força Expedicionária Brasileira, seu futuro político, pensava-se, estava (devia estar) sepultado e o seu sucessor só poderia ser alguém que personificasse o antigetulismo como o brigadeiro Eduardo Gomes, herói dos Dezoito do Forte. Sua vitória era certa, pois, comentava-se, "toda gente conhecida" ia votar nele e ninguém no seu concorrente, o general Eurico Gaspar Dutra.

Era a década de 1940, e ainda se pensava que eram as elites que decidiam as eleições como nos velhos tempos dos PRs (Partidos Republicanos), da política de governadores e do eixo café-com-leite que manipulavam a seu bel-prazer as votações.

Votou-se. O proprietário da fábrica, confiante, mandou recado ao pessoal que a ordem era votar no brigadeiro, e os muros da fábrica cobriram-se de cartazes com o seu belo retrato.

Vieram os resultados. Dutra obteve maioria marcante numa clara reafirmação do populismo getulista, e "toda gente conhecida" amargou, boquiaberta e cabisbaixa, uma inconcebível derrota. Inclusive o desiludido proprietário que, como se uma cortina tivesse se rasgado à sua frente, percebeu que seus empregados que, na ilusão do paternalismo ele achava que tratava "como filhos", não eram tão submissos e obedientes como ele pensava.

O pessoal da fábrica, para perplexidade do patrão e contrariando suas ordens (contrariando as ordens do chefe!), votou maciçamente em Dutra, a seu ver um prolongamento do Getulio "pai dos pobres".

O voto era secreto, mas quando se sabia que um empregado votara contra, ou pior, rasgara um cartaz do brigadeiro colado na parede da fábrica, era "posto no gelo" e não raro despedido. Ainda mais se ocupasse algum cargo de chefia.

CAPÍTULO 3 | ENCARREGADO DO PESSOAL

Administrar é administrar gente.

REVIRAVOLTA E lá ia eu carregando papéis e levando recados, atualizando o livro bobo de Limpeza de Cardas e marombando pela fábrica quando, de repente, sem aviso prévio para nós do interior, uma série de sucessos veio mudar, da água para o vinho, a minha pasmaceira.

O diretor-superintendente (aquele da rua Boa Vista, do aperto de mão com que identificava personalidades) demitiu-se, ou foi despedido, e com ele o subgerente que mandava em mim, seu aliado e parece que auxiliar em tempos idos.

Na emergência, o proprietário transferiu para São Paulo o número um local e mandou para substituí-lo um dos seus filhos, advogado, meu amigo e ex-colega na minha tentativa de faculdade de direito que o exército e a guerra frustraram. Era um pouco mais moço do que eu, muito lido para sua idade, uma inteligência brilhante e uma ótima prosa. Daí por diante e durante muito tempo, com essa companhia, minha chata solidão terminou.

Assim que assumiu o cargo de gerente, viu que a minha situação funcional era ridícula e me passou a caixa da fábrica – função até então exercida pelo subgerente demitido – e me assentou à mesa grande, com direito a poltrona giratória e tudo, em que pude, afinal, cruzar as pernas.

Estavam terminados os meus dias de office-boy que, se não me ensinaram nada (e não deixaram saudade), me abriram os olhos para uma noção que me foi de grande utilidade durante toda a minha vida profissional: trabalhar sem saber por que, trabalhar sem objetivo é uma tortura chinesa requintadíssima.

Carregar papéis ignorando o conteúdo, levar assuntos de recados cujo significado ninguém explica, circunscrever o valor do trabalho ao próprio fato de levar recados e papéis e ver aí esgotado o propósito do "esforço", desmoraliza e é um terrível desrespeito ao empregado. De qualquer nível e em qualquer tarefa. Como caixa, eu era exatamente aquilo que os americanos chamam a *square peg in a round hole*, ou seja, a pessoa menos indicada para o cargo. Fiquei com a chave do cofre, fazia pagamentos e recolhia importâncias, preenchia o livro-caixa e as suas colunas de entrada e saída (sem jamais compreender por que quando entra dinheiro é Deve e quando sai é que é Haver). Somava e diminuía parcelas, lançava no livro as fichas preparadas pelo auxiliar de caixa e mensalmente mandava para São Paulo o relatório do movimento que lá era analisado e contabilizado.

E me aborrecia terrivelmente.

Não é que eu não gostasse de trabalhar. Pelo contrário, jamais fui dado à vadiação, e o trabalho *atraente* nunca me fez mal. Repito: o trabalho atraente, aquele que estimula, faz usar a cabeça, a criatividade. Esse sempre me entusiasmou. E essa foi outra lição que fui acumulando no meu aprendizado de especialista e de executivo de RH. Mas ficar horas, dias, semanas, na monotonia de somar à mão (ou "na unha" como se dizia), colunas de parcelas, lançar documentos cacetes copiados de uma ficha de literatura primária: "Recebido referente a..." – "Pago referente a..." ou redigir recibos de imutável monotonia: "Recebemos do Sr. fulano de tal a importância supra de Cr$ ..." era de fato um horror.

As administrações tradicionais – e muitas *soi-disant* modernas – curiosamente se preocupam pouco com a vocação, com as aspirações, com a procura de auto-realização dos seus recrutandos. E provocam desajustes às vezes sérios em gente que poderia vir a ser colaborador de ótimo desempenho.

Na fábrica onde trabalhava, e um pouco mais adiante, vi um moço, bem-tratado, bem-trajado e vaidoso, de eficiência e comportamento exemplares no escritório, função que certamente lhe satisfazia o *status*, ser transferido para o armazém para pesar e conferir o preço de farinha e bacalhau. O moço passou a ser sujeito a ataques em que se contorcia em convulsões, sendo carregado a braços para a enfermaria. Devolvido mais tarde ao escritório, os ataques terminaram imediatamente. Eu, apesar de ainda um chucro iniciante na lida com empregados, entendi perfeitamente o que lhe acontecera.

Observando fatos como esse e outros, freqüentes no meu dia-a-dia, ia, randômica e empiricamente, acumulando, sem sentir, meu *know-how* de homem de pessoal.

E AÍ... E aí aconteceu. O proprietário júnior, meu atual gerente e chefe, percebeu logo que o meu trabalho não era bom nem para mim nem para a empresa. E me mandou finalmente cuidar do pessoal, substituindo-me pelo auxiliar de caixa, guarda-livros e infinitamente mais competente para o ofício do que eu.

Ninguém (nem o proprietário júnior) sabia exatamente quais eram e até onde iam as minhas novas atribuições. (Não preciso dizer que descrição de cargo era instrumento ignorado naquele tempo numa fábrica do interior.)

Fico pensando (e pensei muito nisso posteriormente) que, diante da minha inutilidade como *office-boy* e diante do meu fracasso como caixa (durante os meses em que exerci a função, não consegui fechar nem um balancete), pensaram primeiro em me despedir. Depois, com certeza pensaram que a um ex-combatente, além do mais filho de amigo, cabia dar mais uma chance. Mas onde colocar alguém tão pouco habilitado para o negócio de cobertores de resíduos de algodão? Haveria algum lugar que não requeresse nenhuma habilitação especial, algum lugar que *qualquer* um pudesse ocupar e, pelo menos, não atrapalhar o serviço dos outros em tarefas mais úteis? E devem ter concluído: "Toca ele como encarregado do pessoal onde ele não perturbe o serviço de ninguém."

A preocupação com a administração sistemática do pessoal tinha começado poucos anos antes com a publicação da Consolidação das Leis do

Trabalho, de Getulio e Lindolfo Collor. E ninguém levava a sério nem dedicava muita consideração àquele cargo novo, indesejado, que não fazia propriamente parte do negócio, que criava caso com o pedido de cumprimento das leis trabalhistas, que além do mais cuidava, pela ótica do empresariado, do mais insignificante dos fatores de produção: o homem.

Quando assumi, as atribuições do cargo eram quase exclusivamente burocráticas, tratadas com competência por uma funcionária antiga, de grande dedicação à empresa e aos patrões. Constava da manutenção das fichas de registro de empregados, carteiras profissionais e carteirinhas do Instituto de Aposentadorias e Pensões dos Industriários (IAPI), todos, documentos exigidos por lei. E por uma menina que cuidava da conta corrente dos empregados e que mais tarde veio a se tornar minha assistente direta, Aparecida, uma das melhores e mais competentes colaboradoras que tive em toda a minha vida profissional, que tanto me ajudou a organizar o meu serviço.

Não havia exemplo próximo de cargo semelhante, o que queria dizer, portanto, que não havia a quem recorrer, pedir uma orientação, buscar alguma informação sobre o exercício do cargo, de modo que o que eu precisava mesmo, se quisesse ficar no emprego, era improvisar.

Mas tinha pelo menos uma ocupação permanente, herdada do subgerente Waldemar e que já exercera como caixa: dar licença para faltar por motivo justo e autorizar a volta ao trabalho a quem faltava.

Todas as tardes então, a partir das 17h, atendia uma fila de gente à procura de licença ou autorização de retorno. E ouvia as justificativas dos faltosos que, quando evidentemente fantasiosas, provocavam às vezes algum atrito.

Durante o dia ainda não tinha muito o que fazer e ficava à disposição dos supervisores (mestres-gerais, mestres e contramestres) para julgar alguma pendência surgida na fábrica ou por indisciplina ou por briga entre trabalhadores. Na sua maioria eram casos singelos, como demora no banheiro, ausência sem permissão, resposta ao chefe com maus modos, preguiça ou excesso de erros no trabalho.

Em alguns casos tinha de me esforçar para manter a compostura. Como o de uma menina – trazida pelo mestre da sala de pano – que se exaltara quando uma companheira chamara-lhe "biscate". A menina me explicou o acontecido, muito séria e, com toda prudência, substituindo, em respeito aos meus ouvidos, o palavrão por um pronome demonstrativo: "Ela me chamou *daquilo*. Aí eu disse, eu não sou *aquilo*, e eu sento a mão na boca da primeira f.d.p. que me chamar *daquilo*."

Às vezes a pendência vinha de fora, como dois vizinhos da vila operária, o frango de um dos quais atravessara a cerca e bicara as hortaliças do outro.

Vez ou outra tirava gente da cadeia, como o Cecílio moçambiqueiro, por prática ilegal da medicina, ou o João Lúcio barqueiro que, numa briga feia, montou na barriga da vítima e, como a própria me contou, procurava a faca às costas dizendo (num excesso de cordialidade brasileira, característica dos homens do campo): "Eu vou matar o senhor." (Foi contido a tempo.)

O João Lúcio um dia ficou bravo comigo. Ele era um caboclão cor de cuia, muito forte, que pilotava um batelão no Paraíba para buscar lenha e pedregulho numa das fazendas da empresa, a vinte quilômetros rio acima, o que lhe permitia fazer somente uma viagem por dia. Mensalmente, quando eu era caixa, ele vinha acertar as contas comigo. Num desses meses, de vinte dias úteis, ele encasquetou de me cobrar 21 viagens.

– João Lúcio, quantos dias você trabalhou?

– Vinte sim senhor.

– E quantas viagens você faz por dia?

– Uma sim senhor.

– Então, se você trabalhou vinte dias e fez só uma viagem por dia, você tem que receber vinte viagens, certo?

– É, mas eu tenho que receber "vintiuma."

De vez em quando era preciso assumir atitude mais draconiana. Um operário da tinturaria, Emerenciano, mineiro que, segundo ele contava, tinha sido "bate-pau" (guarda-costas) de um coronel, no seu Estado de Minas Gerais, discutiu desabridamente com o seu mestre, homem franzino, e o

37

desafiou para resolver o caso "lá fora". Trazido à minha presença, disse-lhe que não era vantagem ser atrevido com um homem frágil e que se fosse tão valente quanto arrotava, transferisse o desafio para mim. (O valentão declinou o convite.)

Fiz disso também. E não uma única vez. Confesso-o meio envergonhado, mas acontece que estou procurando desenhar, com realismo, o perfil de um Gerubal daqueles tempos e não escrevendo ficção. Estou tentando contar, para os rapazes especialistas em RH de hoje, o que era a vida do homem de pessoal, há mais de meio século, homens que não tinham entrado em contato com a sofisticação da administração de hoje, que nunca tinham lido uma página sequer de teoria administrativa, das ciências do comportamento, que se valiam apenas da intuição, do empirismo, alheios a normas, a diretrizes de pessoal de que ainda nem se cogitava. No meu caso particular, o que eu estava sendo mesmo era chefe de disciplina. E acho que foi mais ou menos por aí que nós, homens de pessoal mais antigos, começamos.

Vez ou outra algum supervisor da fábrica preferia, como se diz, jogar o abacaxi no meu colo. Como o mestre da carpintaria, que tinha, entre seus funcionários, um mau elemento recém-admitido, homem malcriado, atrevido, arruaceiro que às vezes chegava a atemorizar os colegas.

O mestre veio a mim e disse: – "Eu tenho que despedir esse mau elemento", e eu respondi – "Pois despeça-o."

O mestre voltou à seção e falou ao insubordinado: – "Pega o teu paletó e vai até o escritório que o seu Roberto tem uma coisa para falar com você..."

E o pessoal, como era? A maioria era analfabeta ou semi, os supervisores de fábrica não tinham escolaridade técnica nenhuma, eram tarimbeiros, os mais espertos dos quais chegavam a um cargo de chefia, tendo como uma das qualidades indispensáveis saber impor respeito, como se diz, "na marra".

A fábrica não fornecia uniforme, macacão, de modo que vinham vestidos, é claro, com as roupas mais velhas e desgastadas para não estragar as mais novas na dureza da lida com as máquinas.

Uma vez apareceu por lá um engenheiro belga, contratado para regularizar as tarifas do salário-tarefa dos teares. Convidei-o para sentar-se ao meu lado enquanto atendia o pessoal, a partir das cinco da tarde. Ficou observando curioso e quando perguntei-lhe o que achava, respondeu-me:

— Parece que estou vendo uma saída de Buchenwald.

E eu? Nem título claro tinha. Chamavam-me "encarregado do pessoal" ou então "chefe do pessoal" e ninguém me explicava quais eram minhas atribuições, além das do expediente das cinco horas.

Dessa época, de atender diariamente gente simples, homens e mulheres, da velhice à infância, procurando auxiliá-los nos seus problemas, uma das coisas que me ficaram foi que, se o caso era grave para o queixoso, mesmo que fosse o frango de um bicando as verduras do outro, eu tinha que, com todo respeito, considerá-lo grave também e tratá-lo com a maior seriedade. Não havia caso ridículo. Todo caso era digno de atenção. Acho que foi assim que comecei a aprender que não há uma separação abrupta entre a vida das pessoas dentro e fora do trabalho, que as preocupações, de lá e de cá, se entrelaçam, que o trabalhador não pendura a personalidade social na chapeira do cartão de ponto para envergar uma personalidade distinta: a de trabalhador.

Aprendi também que as aspirações dos seres humanos são qualitativamente as mesmas, não importa seu *status* social ou seu nível de fortuna. Para uns, segurança de vida futura é fortuna acumulada para garantir uma velhice igualmente rica. Para outros é a previdência social que permita ao aposentado uma vida digna, que lhe permita fugir do pavor da velhice desamparada. Para uns, a ambição é ter um, dois palacetes, para outros é ter "uma casinha". Para ambos é igualmente a segurança de um teto.

Uma vez o Mário (lubrificador), pandeirista do conjunto Os Bambas, de que se falará mais adiante, foi visitar o Chiquinho (tecelão). O Chiquinho queria nos mostrar uma nova música para o conjunto e por isso nos levou à sua casa e pôs o disco na vitrola. A casa não podia ser mais simples. Tijolo com revestimento e pintura só por dentro, forro de tábuas, em vez de muro um ou dois fios de arame amarrados a estacas de bambu. A simplicidade em pessoa. Disse o Mário:

— O Chiquinho tem a sua casinha, a sua radiovitrola, isso é que é felicidade!

Para o Mário, que morava nos fundos da casa do sogro, a felicidade era aquilo. Para outros, que aspiram ao palacete, aquilo era a miséria. Para ambos, igualmente, o abrigo seguro, o lar.

A compreensão dessa identidade qualitativa de aspirações (elas são diferentes só quantitativamente) estava me preparando para, bem mais tarde, entender, por tê-la vivenciado, a escala das aspirações crescentes, a hierarquia das preponderâncias como formulada por Abraham Maslow.

Outra lição que me ficou, desses dias de aprendizado, foi sobre motivação, tema que só viria ler a respeito muitos anos depois. Vejamos.

O Benedito porteiro, aquele mesmo que encerava o chão da casa da chácara, era tido, nas suas atividades regulares e domésticas, como um refinado preguiçoso. Molenga, vadio, indolente, imprestável etc. Ele estava construindo a sua "casinha" com esforço próprio, sem auxílio de ninguém, seguindo o "risco" que lhe tinha dado um pedreiro amigo. Disse-me ele que já tinha aberto os regos dos alicerces e que agora os estava compactando.

Um domingo passei, acidentalmente, pela obra do Benedito e pude ver o seu trabalho de compactação. Na falta de ferramenta mais sofisticada, como um "sapo", ele tinha atado uma corda em volta de uma pedra de uns trinta quilos, de fundo mais ou menos chato, na ponta da corda amarrara um pau atravessado que prendia nas covas dos dois cotovelos, levantava aquele peso todo, coisa de um metro do chão, e deixava cair pesadamente no fundo do rego. Isso durante todo o seu único dia de folga na semana. Ali estava o "preguiçoso".

Foi um dos exemplos mais marcantes de motivação x desmotivação que tenho visto, e uma preparação para compreender Chris Argyris quando chegasse o tempo. Mas a grande lição do meu aprendizado de recursos humanos estava para chegar.

CLIMA Como disse anteriormente, o novo gerente, meu ex-colega, era um pouco mais moço do que eu. Éramos então dois rapazes joviais, alegres e descontraídos que chamávamos os mais velhos – qualquer que fosse o seu cargo – de senhor e não relutávamos em pedir orientação e ensinamento aos supervisores ou aos operários sobre assuntos técnicos que desconhecíamos. (O que seria considerado uma degradante humilhação pela gerência anterior.)

Andávamos pela fábrica conversando com uns e outros, pedindo informações ou dando sugestões sobre aquilo que, baseados na nossa experiência de vida, podíamos oferecer. E não fazíamos (nem sabíamos fazer) carranca de chefe.

E agora vamos aos fatos. A fábrica produzia, mensalmente registrada, uma média diária de sete a oito mil cobertores e a meta desejável e desejada era de nove mil, raramente atingida. Quando alcançada, era motivo de júbilo por parte de gerentes, mestres e da alta administração.

Pois bem. No primeiro mês em que trabalhamos juntos nos mostrando à fábrica e observando, com a curiosidade da inexperiência, o processo industrial de cada seção, fazendo-nos sempre presentes no chão da fábrica, a produção subiu para dez mil, no mês seguinte para 11 mil, e sucessivamente para 12, 13 e 14 mil cobertores bons por dia, 56% a mais do que o teto desejado pela administração até então. Um recorde imprevisível e tido como inatingível.

Alguma coisa acontecera na fábrica, e alguma coisa que não se lia nas fichas de controle nem em alguma modificação da mecânica das máquinas, ou na qualidade da matéria-prima nem em novos métodos de engenharia industrial, que, aliás, desconhecíamos, ou em um novo prêmio-produção de inspiração taylorista, nem na racionalização de coisa nenhuma e muito menos na competência profissional dos dois rapazes, inexistente na sua completa inexperiência administrativa e operacional.

O que tinha mudado e mudado radicalmente era – surpreendentemente e que nós dois não demoramos a perceber – o que chamamos hoje de "clima organizacional".

Stuart Chase criou uma frase que repito com freqüência:

Se as relações humanas de uma organização estiverem fora dos eixos (*out of balance*) nem todos os sistemas de eficiência do mundo serão capazes de otimizar sua produtividade.

Como recíproca nós estávamos demonstrando que se as relações humanas, se o clima organizacional de uma organização estiver dentro dos eixos, não é preciso nenhum sistema de eficiência do mundo para otimizar sua produtividade (e muito menos bronca e cara feia).

Na época, eu não sabia que era protagonista da maior, mais profunda e mais importante mudança de comportamento organizacional de que me seria dado tomar conhecimento, na prática ou na literatura especializada, durante toda a minha vida profissional.

Nenhum fato administrativo ou operacional no campo dos recursos humanos influenciou mais minha formação e minha carreira de executivo e de consultor do que aquela impremeditada e imprevista mudança de comportamento organizacional numa apagada indústria de cobertores no interior do Brasil.

CAPÍTULO 4 | CHEFE, CHEFES

L'état c'est moi. | **Luís XIV**

CONTRASTES E CONFRONTOS O nosso "estilo administrativo", ou melhor, a nossa completa falta de estilo, quer dizer, a ausência de qualquer forma de atitude estudada ou premeditada batia de frente com o comportamento das autoridades que nos precederam.

O comportamento delas baseava-se num desempenho preconcebido, deliberadamente composto para causar impressão de autoridade. Como um ator que, para representar com sucesso o seu papel, estuda-o cuidadosamente antes de entrar em cena para transmitir à platéia a imagem de alguém vestido de prerrogativa especial que lhe permita inclusive ser *temido*.

Cultivavam cacoetes e tabus curiosos como trabalhar de gravata, cumprimentar os funcionários mesmo em cargo de chefia da fábrica sem apertar-lhes a mão, andar pela fábrica com as mãos às costas (recomendação do proprietário) e, de um modo geral, mostrar-se sempre superior ao subordinado qualquer que fosse a circunstância. Pedir opinião significava degradar-se, perguntar a alguém se o seu trabalho estava correto ou solicitar que conferissem a sua tarefa era pecado mortal.

Uma vez, pedi ao auxiliar de caixa, guarda-livros e bom de cálculo, que conferisse uma soma comprida que eu tinha terminado. O subgerente me chamou de lado e recomendou que eu nunca mais repetisse o feito sob pena de me desmoralizar. Podia, se estivesse ocupado, dar a conta para que ele fizesse, mas verificar se a minha estava correta, jamais.

Sobre essas artificialidades todas, inclusive a "cara de chefe", é bom que se diga que a atitude das chefias daquela fábrica do interior não diferia em nada das de outras fábricas pelo Brasil afora. Os estudos do homem no trabalho eram, até então, quando conhecidos, o que era raro, de cunho maciçamente mecanicista, métodos ainda primários de administração de pessoal estavam começando a nascer nas empresas mais sofisticadas, principalmente multinacionais. O gerente-padrão brasileiro (e o diretor-padrão também) alimentava-se de empirismo, galgava os postos mais altos não pela ciência administrativa, mas pela tenacidade e força de caráter, quando não por herança. E a cultura empresarial brasileira ainda estava muito perto da sua tradição patriarcalista e autoritária: a geração anterior aos empresários da década de 1940 vivera no escravismo. (Aliás, se até hoje o empresariado ainda não percebeu que a empresa é um processo sociológico e não puramente tecnológico, calcule naqueles tempos.)

Não é, portanto, de estranhar que a conduta artificial fosse um recurso procurado por quem não tinha nenhuma formação adequada em relações de trabalho.

A sisudez, vi desde logo, era uma das matérias-primas indispensáveis, levada ao requinte pela recomendação do diretor-superintendente de não sorrir nunca.

À sisudez, somavam-se a pretensa onisciência, a falta de reconhecimento ao subordinado por tarefa bem-cumprida ("ele não faz mais do que a obrigação" e, além do mais, se eu elogiar pode ficar parecendo que não sou capaz de fazer melhor do que ele), a ordem sem discussão do tipo "falei está falado" e, principalmente, a bronca. Pareciam acreditar que deixar transcorrer algum tempo sem dar um "café" reduzia-lhes a autoridade: a descompostura era necessária à reafirmação da qualidade de comandante e da sua manutenção.

Incidentalmente, permitam-me contar que bem mais tarde vim a verificar que essa disposição agressiva estava longe de ser uma peculiaridade brasileira, confinada numa fábrica do interior.

Muito depois da década de 1940, as empresas norte-americanas, inclusive as maiores e mais bem organizadas, adotavam o pito desabrido, ou pior, a bronca sem motivo, como método administrativo consagrado naquilo que chamavam de *raise-hell approach*, quer dizer, o método da descompostura. Quando o trabalho ia bem, quando tudo corria sem sobressaltos, a produção e a produtividade em alta, a qualidade excelente, o descarte mínimo, o movimento sindical tranqüilo, o comportamento do pessoal sem ocorrências, atraso e absentismo nulos, freqüência e gravidade dos acidentes zeradas, enfim, quando tudo estava andando como previsto, quando todos os gerentes estavam dando conta do seu recado, o número um deveria chamar toda a gerência a ele subordinada e passar-lhe a maior descalçadeira, sem mencionar falha (que não havia!) e sem direito de contestação. Somente para "sacudir os ânimos" com receio de que as chefias "se acomodassem". (Fui, juntamente com os meus colegas de gerência, submetido a esse *approach* estúpido e ridículo quando, dez anos mais tarde e trabalhando na capital do Estado, chefiava um dos departamentos da Ford Brasil. Foi um dos "instrumentos administrativos" mais revoltantes e mais burros que tenho visto.)

Mas voltando aos chefes do Vale do Paraíba. Quando se permitiam algum momento de descontração, de familiaridade com o subordinado, quando desciam do pedestal para uma pausa de condescendente bom humor, esperavam de volta a admiração embasbacada, expressão mor do tão apetecido puxa-saquismo. Isso principalmente quanto aos chefes de colarinho banco. Os da fábrica eram mais democratas.

E no entanto não eram homens maus. Longe disso. Eram apenas malformados, mal-orientados pela única escola de então: o exemplo que "vem de cima". Alunos do desacato, acreditavam, inevitavelmente, que o desacato era condição necessária do exercício de autoridade. E, mais uma vez, no meu aprendizado empírico, estava antecipando a base científica que viria mais tarde encontrar nas teorias X e Y de Douglas McGregor.

Naquele tempo era assim. (E hoje ainda há muito disso.)

Devo dizer, no entanto, a bem da verdade, que eu particularmente nunca tive nenhuma queixa do tratamento que me dispensaram. Sempre me trataram com cordialidade e respeito apesar da minha juventude e da minha ignorância. Por outro lado, estava recém-chegado de dois anos e meio no exército sendo um no front da Itália. Tinha, portanto, visto de perto e sentido no couro as diferenças de atitude: do comandante boçal no quartel brasileiro e cavalheiro na frente de batalha e como curiosamente um se metamorfoseia facilmente no outro. E já tinha também tido oportunidade de exercer liderança, de comandar meus homens com disciplina, mas sem brutalidade, recebendo em troca atenção e respeito e, mais do que atenção e respeito, amizade e afeto. Já sabia então analisar com precisão o desempenho das chefias separando o joio do trigo, ou seja, o líder do capataz. E sabia como me comportar com ambos.

O NÚMERO UM A certa altura comecei a reparar que muito da conduta de diretores e gerentes provinha da tentativa de imitar o poder máximo, o número um dos números uns, o maior de todos, o *capo di tutti i capi*: o proprietário.

Era baixo, com a cabeça grande mas o todo harmonioso, cabelo grisalho ondulado, pequenos olhos negros incrivelmente penetrantes, voz mandona, um vinco permanente entre as sobrancelhas espessas que tinha por hábito puxar à falta de bigode. Em tudo parecia um homem talhado para o comando.

Tivera um início de vida muito difícil. Fora vendedor de rua, caixeiro de joalheria, chefe de turma de estivadores e tinha trabalhado com Percival Farquhart, engenheiro americano a serviço do governo brasileiro na primeira década do século XX, que considerava um "homem de ferro" e por quem tinha grande admiração − na construção da Estrada de Ferro Madeira–Mamoré de onde voltara arrasado pela malária. Não tinha curso superior, nunca soube qual fosse sua escolaridade, mas falava três idiomas além do português, possuía uma cultura superficial, porém eclética, era sempre bem informado, de modo que tudo isso aliado à sua enorme experiência de vida o tornava um conversador animado e uma companhia muito agradável embora mantendo sempre os outros "a distância".

Quando o conheci, já com alguma idade, era dono de três fábricas e de uma grande produção agropastoril em milhares de alqueires principalmente no Vale do Paraíba. Além de manter os outros a distância, ele mesmo se mantinha a distância dos outros onde quer que estivesse, ocupando um espaço privilegiado, só seu, diferente e mais alto do que o dos seus interlocutores que procurava sempre olhar de cima para baixo. Era muito estimado, respeitadíssimo e freqüentemente temido pelos funcionários.

Quando expunha seus princípios ou sua moral de negócio, transformava-os em lei, em tratado indiscutível de conduta, gostava de projetar de si uma figura de personalidade-exemplo, uma imagem modelo de homem bom, justo, pairando muito acima das fraquezas humanas. E se transformava, ou melhor, se transformou em arquétipo, em código de ética, em tábua de mandamentos indiscutíveis e intransgressíveis.

Nas suas longas conversas – grande *causeur* que de fato era – reforçava sempre a imagem de que se investiu pela narração de atos de beleza moral, de grandeza de alma a que acrescentava sempre feitos de coragem e de brabeza.

Adorava narrar trechos escolhidos da sua história de vida em que se viu envolvido por situações de perigo nas quais exibira sua valentia. Contava casos resolvidos "no braço" quando chefe de estivadores, descrevia a dureza da vida na selva amazônica quando obrigava os caboclos da Madeira–Mamoré a engolir comprimidos de quinino com o revólver no peito (acreditavam que o remédio provocava impotência); narrava trechos perigosos da Intentona Comunista em que sobressaiu pela coragem. Dizia como arrostava seus desafetos com audácia e violência: "Entro a cavalo na tua casa e te corto a cara a chicote!" Animava-se contando esses casos, retalhos de vida dura, com grande orgulho de ter começado "no trilho do bonde", ou seja, por baixo. Quando assumiu o controle da fábrica, jogou para os lados dois seguranças que tentaram impedi-lo de entrar na sala de reuniões, sentou-se à mesa depositando sobre ela um punhal desembainhado.

(E com essas histórias, procurava deixar bem claro para nós subordinados que não facilitássemos com ele.)

Irradiava um grande fascínio, um carisma de líder natural, de condutor de homens e, de fato, nos fascinava. Com freqüência usava sua força interior para manipular seus empregados e até mesmo seus parentes. Impiedosamente. Do alto do seu fascínio, tinha o dom de transformar seus conceitos em verdades apodíticas, irrefutáveis. Dizia que a cidade era detestável e nós detestávamos a cidade; dizia que fulano era desprezível e nós o desprezávamos; dizia ou fazia sentir que era o melhor entre os melhores patrões e nós acreditávamos; dizia que ganhar bem amolece o caráter e nós, ganhando pouco, agradecíamos.

Conseguiu imprimir – como que marcada a ferro no couro de uma rês – a sua própria escala de valores na organização: bom era bom segundo o seu julgamento; mau era mau se ele assim o achasse. E ai de quem discordasse! Pretendia ser o *primus inter pares*. Em tudo: na sua grandeza moral e na sua coragem física, na sua caridade e no arrojo das suas peripécias que julgava imbatíveis.

Incomodava-o o fato de eu ser ex-combatente, de ter lutado numa guerra e dado boa conta do meu recado em missão perigosa. Nisso ele não podia competir comigo. Nem ele nem seus filhos que, por obra e graça de um passe genético, deviam também, em tudo, ser os melhores. Um dia em que conversávamos não se conteve: "Coragem mesmo é em tempo de paz. Na guerra não é coragem, é loucura..." Suponho que tenha, nesse momento, cicatrizado o ego que eu vinha arranhando com minhas histórias de front.

Na complexidade do seu caráter era genuinamente caridoso e cruelmente impiedoso; sabia ser justo como sabia ser injusto, reconhecido ou ingrato, tolerante ou rancoroso.

Ensina o Mahabharata que "nem o nascimento, nem o estudo, nem mesmo a cultura podem fazer de alguém um brâmane. É a conduta que o torna um brâmane".

Em resumo: era um empresário paradigmático dos primórdios da industrialização brasileira.

Nessa amálgama de caridade e truculência, é compreensível que os patrões daqueles tempos quisessem que seus Gerubais fossem bons moços, mas também bons de briga.

Em 1952, o jornal O Estado de S. Paulo publicava o seguinte anúncio "Precisa-se: Encarregado do Pessoal. Requisitos: conhecimentos de legislação trabalhista, um mínimo de um metro e oitenta de altura e um mínimo de oitenta quilos de peso."

CAPÍTULO 5 | **ADMINISTRANDO**

Escolhe entre teu Povo uns tantos homens... e constituis
a uns no governo de mil, a outros de cem, a outros de
cinqüenta, a outros de dez. | Jetro

SEMENTES DE UMA ORGANIZAÇÃO Continuava lendo muito. Sem nenhum método, guiado apenas pela curiosidade. Bem mais tarde percebi que, lendo, lendo de tudo o que me caía sob os olhos (desde que escrito com inteligência), mesmo sem orientação e sem um programa sistemático, estava exercitando minha cabeça, cultivando minha própria inteligência, repreparando-me para uma atuação de vida que a guerra interrompera ou, pensando melhor, repreparando-me para uma atuação de vida em que a guerra introduzira, bruscamente, uma nova percepção de mundo e um ideário novo.

Tendo a felicidade de poder ler em quatro línguas além do português, me nutri, no original, em prosa e verso, de literatura francesa, inglesa, espanhola e italiana. Lia de tudo num diletantismo que me parecia estéril, que, achava, não me levaria a reunir o material adequado à montagem de um ofício que me desse meio de vida.

Só depois, bem depois, vim a perceber que a boa leitura, os bons autores, a literatura, as "belas letras", mesmo quando não organizadas num currículo de disciplinas direcionadas à formatura de uma profissão reconhecida, são a insubstituível matéria-prima, o sopro que oxigena o "sentimento do mundo", que permitem uma visão equilibrada e abrangente da sociedade e das relações humanas. A literatura, prosa ou poesia, bem como a fruição das outras artes, estimula a sensibilidade, prepara para o exercício harmonioso da capacidade de avaliar e de julgar: são o grande canal de interiorização de uma ética e de uma estética com que se vai encarar a vida e decifrar o mundo. E mais: no meu caso particular, com as minhas leituras assistemáticas, estava mas era estudando o homem e seu comportamento, homem princípio, meio e objeto da minha vida profissional. Mas ia percebendo também que precisava me organizar e que, para isso, como homem do pessoal, era necessário conhecer melhor, obter mais dados sobre aquela gente sofrida de que eu era supostamente o responsável. E que precisava, de outro lado, "mostrar serviço" se quisesse continuar no emprego. Não tinha nada nem ninguém que me orientasse, mas a própria lida com o pessoal ia me mostrando o caminho das pedras.

A maior parte dos casos de quem vinha me procurar referia-se a apertura financeira e problemas de família. (Para os casos disciplinares eles não me procuravam: eram "trazidos".) Pensei então numa ficha que enfocasse aqueles dois problemas, sendo preciso também uma de identificação que não me obrigasse a recorrer a cada momento à ficha de registro de empregado, arquivada em outra sala sob a responsabilidade da funcionária já mencionada, que agora se reportava a mim. Dentro de algum tempo e de muita tentativa organizei um arquivo com três fichas: de identificação, de família e de conta corrente.

A primeira ficha de identificação apresentava mais ou menos os mesmos dados da de registro de empregados, com fotografia e tudo e incluía as mudanças na sua vida profissional. A ficha de situação familiar relacionava os parentes que morassem com o empregado; a de situação financeira continha o salário atualizado, a contribuição do empregado para o orçamento doméstico, seus débitos com adiantamento e suprimentos retirados no armazém de abastecimento bem como o saldo que sobrava (quando sobrava) para enfrentar o mês. (Às vezes, perto do fim do mês, minha mulher fazia planos para comprar sapatos e roupas para os filhos. E, no fim do dia, eu ficava sentado à minha mesa, retardando a hora de ir para casa, com um envelope de pagamento cujo total, com os descontos de armazém, estava no vermelho.)

Quando o empregado entrava na minha sala, precedido pelas fichas que eu já estudara, eu já tinha uma boa silhueta dos seus possíveis problemas.

Mais tarde abri uma quarta ficha, de avaliação de desempenho (àquela época esse nome ainda não tinha aparecido) na qual anualmente lançava sua classificação A, B, C e D, ficha que continha também a situação mensal de faltas justificadas e injustificadas.

Trabalhava comigo nesse tempo uma das melhores colaboradoras que jamais tive (Aparecida), menina de grande dedicação ao trabalho, senso de responsabilidade e plena eficiência nas suas tarefas. Auxiliou-me grandemente na organização e na manutenção do arquivo, inclusive com valiosas sugestões.

Vinte anos mais tarde, trabalhando na Ford Brasil, empresa de administração altamente sofisticada, vi com surpresa que o meu singelo arquivo do interior tinha os elementos burocráticos fundamentais de administração e controle de pessoal, inclusive o que nessa empresa vi chamar de *status report* e de *performance evaluation*.

Meu horário era das 8h às 19h (deveria ser às 17h), todos os dias, e domingo até meio-dia. Duas vezes por semana devia visitar a fábrica à noite, na turma das 14h às 22h, e uma vez por semana na turma das 22h às 6h. Uma noite, recém-casado, o gerente (Orôncio) encontrou-se com o dono numa dessas visitas às turmas noturnas. "Onde está o Roberto?" – "Ele não veio hoje." – "Ele tem vindo?" – O gerente gelou: "O senhor compreende, recém-casado, ele está na fase de brincar de casinha." – "Diga ao Roberto que o lugar dele é aqui!"

Veja você! Meu lugar não é na minha casa com minha mulher, futura mãe dos meus filhos. O meu lugar era onde o chefe mandava.

Um amigo brincou: "Ele devia ter completado: teu lugar é aqui, escravo!", mas a comparação não é boa. No escravismo, o senhor quer possuir apenas o braço do servo. Pouco lhe interessa saber o que o escravo pensa dele. No paternalismo, além do braço, ele quer se apropriar também da alma do servo. O empregado deve não apenas respeitá-lo, mas também admirá-lo e amá-lo sobre todas as coisas, inclusive a família.

Quando fiz o cadastramento do pessoal da fazenda continuava chegando ao escritório às 8h. Para isso, levantava às 4h, trabalhava das 5h às 7h e, às 8h, religiosamente entrava na minha sala.

O PESSOAL: PANEM (POUCO) ET CIRCENSES (MUITO) Convivia muito e fui me envolvendo cada vez mais com o pessoal, com seus interesses, expectativas e frustrações, e esse convívio foi a maior e melhor contribuição e o melhor ensino para desenvolvimento da minha carreira. Fui vendo que o operário brasileiro é bom. Genuinamente bom. Amável, gentil, carinhoso, prestativo e muito trabalhador. Percebi também que essas qualidades tornam-no vulnerável à manipulação, à exploração. Tem amor pela empresa em que trabalha e orgulha-se dela, mas liga-se a ela menos diretamente do que por meio das pessoas que, a seu ver, encarnam a organização facilitando ainda mais a ação mistificadora e manipuladora do paternalismo administrativo que vivi bem de perto e de que era, *malgré moi*, um agente. ("Aquele homem não é um patrão. Aquele homem é um pai!")

Conversando com o pessoal do chão da fábrica fui entendendo que uma de suas aspirações, uma das faltas que sentiam, era de oportunidades de lazer, de se desviar um pouco da dura rotina do trabalho só trabalho. Pensamos então em fundar um clube onde nós pudéssemos nos distrair, dançar, praticar esporte. De administração racional eu não entendia nada. Mas de esporte e de brincadeira eu entendia. Fundamos um clube com o nome da empresa e nele, ou melhor, por ele, trabalhei durante todo o tempo em que estive empregado. Fui presidente em dois mandatos e entrei em grande atividade apoiado não só pela anuência, mas pelo franco incentivo dos meus patrões que também julgavam aquilo atividade importante de um Gerubal. (E, aliás, era, no seu devido contexto e na devida proporção.) Leitor de Gustave Le Bon (garimpado na biblioteca do meu pai), psicólogo social francês (e grande cavaleiro) interessado em comportamento coletivo, eu afirmava – candidamente científico – que a disciplina do esporte e o entusiasmo pelo clube se transfeririam, por contigüidade, (Le Bon ensinava) para a empresa e para o trabalho. E fui de tudo.

Meia-direita de futebol, capitão do time de voleibol, ala de basquete, atleta nas modalidades de disco, salto triplo e corrida rasa, treinador de atletismo feminino e do seu time de vôlei.

Fundei o teatro operário, cujos ensaios dirigia e de que fui diretor (realizando um sonho da minha vida). Naquele tempo, além das bobajadas do dramalhão português levado nos circos de cavalinho, só encontrei, acessíveis, peças de Oduvaldo Viana.

Organizei um conjunto – Os Bambas – com: violão, Chiquinho (tecelão); pandeiro, Mário Ragazini (lubrificador de teares); violão-tenor, Alexandre (mecânico de automóveis) e, *crooner*-percussionista: eu.

Passávamos horas ensaiando, conversando e nos divertindo, no clube ou na minha casa e, como a grana era curta, buscávamos inspiração e desembaraço para os *shows* na generosa canjebrina.

Organizamos atos variados e *shows* no palco de um teatro adaptado num armazém vazio bem como bailes, inclusive de carnaval. Contratamos um maestro em Minas Gerais que nos montou uma bela banda de música. Organizamos uma: Escola de Samba Unidos da Baixada e desfilamos na cidade em muitos carnavais. Ressuscitei companhias de moçambique (lá chamado de maçambique), jongo e congada que, no passado tinham brilhado no Vale do Paraíba, mas que agora estavam quase de todo esquecidas. Para chefiar a congada tive a sorte de encontrar um grande mestre, formado em São Luís de Paraitinga, São Paulo, onde o folclore permanecia vivo.

Não me esquece nunca a Ave Maria de uma beleza sem par que os congadeiros cantavam quando lhes servíamos um lanche. Uma ocasião cantei essa Ave Maria para um americano, Stokes, reitor do Instituto Tecnológico da Aeronáutica (ITA), que naquela altura estava se formando. Ele ouviu com atenção concentrada e depois sorriu e disse: "*You don't fool me! This is Palestrina!*" ("Você não me engana! Isso é Palestrina!").

Às vezes variávamos, como quando trouxemos de São Paulo um grupo de batuque-de-umbigada que dançou numa das fazendas dos donos da empresa.

Fui professor da Escola Industrial (inglês e geografia) e me diverti com os alunos pela facilidade com que eles, gente do Vale do Paraíba, pronunciavam os erres ingleses. Para pronunciarem a segunda pessoa do indicativo do verbo to be eu perguntava: "Como é que se chama isso que você respira...?" A resposta vinha com pronúncia impecável!

Criei um clube de pesca – Sagüiru Clube – e domingo de madrugadinha partíamos para a barranca do rio Paraibuna (ainda não tinham construído a represa) pescar o belo dourado que, quando fisgado, pula alto fora d'água brilhando no Sol como um peixe de ouro. O nosso grupo era sempre o mesmo: João Claro, ferreiro; Orlando, encarregado da farmácia; José, vendedor das verduras que vinham da fazenda e trombone na banda; Avelino, marceneiro e cantor romântico nos atos variados; e eu, Gerubal.

Nesse convívio com o pessoal, convívio tão agradável quanto instrutivo (porque, sem me dar conta e sem ninguém desconfiar, era ali que estava aprendendo a administrar), no convívio com essa gente brasileira que eu admiro tanto, de que sempre gostei tanto, encontrei talentos os mais diversos e os de melhor qualidade. Instrumentistas, cantores, atrizes e atores, atletas, esportistas de diversas modalidades, povo criativo, inteligente, amigo e amorável, dedicado, fiel (foi entre eles que encontrei alguns dos mais leais e dos mais devotados amigos). Em nenhum outro grupo social com que convivi (excluindo os companheiros do exército) encontrei tantas pessoas sinceramente leais, de bom caráter, incapazes de passarem o amigo para trás. Gente boa que assume com tranqüilidade e dedicação o trabalho às vezes exaustivo da fábrica, homens e mulheres de grande inteligência a quem, com raras exceções, infelizmente, a sociedade nega os recursos para crescer como cidadãos. As empresas (se talento pudesse ser pesado) jogam diariamente pela janela toneladas de talento por desconhecê-los e não saber aproveitá-los. Se muitos, se a maioria dos rapazes e moças que conheci e que conversavam comigo com tanta inteligência, mesmo sem polimento, encontrassem na sociedade oportunidade de estudar mais, de conhecer mais, se tivessem liberdade e não se acanhassem de expor suas idéias às vezes brilhantes, se pudessem como eu (que com a ajuda de Deus pude) encontrar e percorrer o caminho que leva à auto-realização, seria preciso inventar outro "mundo" porque o primeiro nós deixaríamos na rabeira.

E aqui caberia aproveitar a oportunidade para, abrindo um parêntese, falar um pouco sobre a decantada (em prosa e verso) "preguiça" do brasileiro.

O BRASILEIRO É PREGUIÇOSO? Em RAÍZES DO BRASIL, diz Sérgio Buarque de Holanda que: "um fato que não se pode deixar de tomar em consideração no exame psicológico desses povos [ibéricos] é a invencível repulsa que sempre lhes inspirou toda moral fundada no culto ao trabalho." E ainda: "... uma digna ociosidade sempre pareceu mais excelente, e até mais nobilitante, a um bom português ou a um bom espanhol, do que a luta insana pelo pão de cada dia." O que quer dizer que já cultivávamos o ócio desde antes mesmo de sermos descobertos.

Sobre o tema, Emanuel Araújo, em O TEATRO DOS VÍCIOS, cita um governador setecentista da capitania do Rio de Janeiro: "... porque os brancos e reinóis, ainda que sejam criados com a enxada na mão, em pondo os pés no Brasil nenhum quer trabalhar". O que quer dizer que a preguiça do brasileiro era até contagiosa.

E Vianna Moog, em BANDEIRANTES E PIONEIROS, sobre os padrões da nossa formação:

> Em lugar de mecânicos, engenheiros, químicos, agrônomos, artesãos, operários qualificados e especialistas, milhões de bacharéis de anel no dedo a provar à primeira vista que não trabalham com as mãos, milhares de beletristas mofando nas repartições públicas; milhares de candidatos à sinecura e ao invejado título de malandro.

Por diversos viajantes dos séculos XVIII e XIX, o brasileiro foi qualificado de preguiçoso. Um deles chamou o Brasil de "berço da preguiça".

Segundo Gilberto Freyre em CASA GRANDE & SENZALA (e segundo outros autores), o senhor de engenho do Nordeste passava a maior parte do tempo de ceroula e camisola preguiçando na rede, e para Saint-Hilaire na sua SEGUNDA VIAGEM A SÃO PAULO, no século XIX, era membro de uma classe de "rentistas ociosos" sendo que "um senhor de engenho tem carnes cujo anafado significa boa alimentação e pouco trabalho".

E, falando ainda do brasileiro e do seu tropismo pela madraçaria, Sérgio Buarque assesta-lhe o golpe de misericórdia: "... seu ideal será colher o fruto sem plantar a árvore".

Na literatura moderna, o tão decantado gosto pela ociosidade se condensa no antibrado do anti-herói Macunaíma de Mário de Andrade: "Ai que preguiça!"

Na linda modinha de Joubert de Carvalho com versos de Olegário Mariano, diz o boa-vida que mata o tempo "pescando no rio de jereré", imerso numa das posturas com que se tem estigmatizado o brasileiro: "de papo pro ar".

> Se ganho na feira feijão rapadura
> Pra que trabalhar?

O folclore do caipira (quase sempre conotado como o vadio *par excellence*) é rico em condenações pela vadiação, sendo sua insuperável preguiça consagrada por Monteiro Lobato no Jeca Tatu por ele acoimado de "o praga da terra", "o piolho da terra", o molenga sem remissão.

No entanto, para aferir a justeza das opiniões da antropologia, da literatura e do folclore, passemos a palavra a quem lida muito de perto com o trabalhador brasileiro: os profissionais de RH.

No segundo semestre de 1998, entrevistei quarenta deles representando diversas especialidades industriais bem como dos ramos bancário, hoteleiro, minerador, crédito, alimentação, construção civil, limpeza urbana, consultorias diversas. Esses amadurecidos profissionais possuíam formação diversificada como administração, psicologia, direito, engenharia, filosofia e ciências sociais.

Vejamos algumas respostas à pergunta "quais são os traços mais positivos do trabalhador brasileiro?" As opiniões abaixo vão transcritas *ipsis verbis*.

Gosto por desafios – Ousado – Alegre, trabalhador, prestativo, dedicado, comunicativo – Gosta de trabalhar em grupo – Comunicativo, adaptável, criativo – Engajado quando encara um objetivo que valha a pena – Criatividade, honestidade e boa vontade – Autenticidade – Afetuoso, determinado. Aprende com facilidade – Produtivo – Valoriza o trabalho como mais do que um meio de subsistência – Curiosidade e gosto por inovação – Generoso – Cordial, respeitador, esforçado – Adaptabilidade. Amor pelo que faz – Tem sabedoria de vida, é honesto e confiável – Participativo, bem-humorado – Boa índole, bom humor – Vontade de acertar, de fazer corretamente suas tarefas – Garra para enfrentar com denodo a adversidade – Assíduo.

Creio que é bastante. As demais opiniões emitidas, sem exceção, só reforçam o que vai acima. Fora do âmbito especializado dos profissionais de RH, diz (e publica) a vice-presidente de uma multinacional japonesa de máquinas fotográficas que o trabalhador brasileiro, bem-treinado e bemtratado, exibe produtividade superior à do tão decantado operário japonês.

E é oportuno lembrar que, sem infra-estrutura adequada, tanto de peças e acessórios quanto de especialistas, inclusive engenheiros, o Brasil montou toda uma indústria automobilística em apenas cinco anos, feito considerado impossível pelos técnicos e executivos do Hemisfério Norte.

Na fundição de Osasco, a Ford produziu, desde o início, ferro perlítico e nodular de qualidade superior à matriz americana. Ali, pedreiros e serventes, carpinteiros, eletricistas, ajudantes de serviços gerais, trabalhadores das empresas contratadas para erguer a fábrica (erguida e montada num recorde de 12 meses), assumiram cargos de fundição improvisando, de um dia para o outro, especialidades que até então desconheciam.

Vale mencionar também que uma pesquisa do International Survey Research (ISR), realizada em 2002, revelou que o empregado mais leal do planeta, trabalhando em empresa multinacional, é o brasileiro – lealdade que, seja dito de passagem, é a mesma para a empresa nacional.

Por que será que o brasileiro ganhou essa curiosa fama de preguiçoso? É possível que as opiniões mencionadas no início deste tópico (tempos de Brasil colônia e primeiras décadas da independência e da República) refiram-se a elites – senhores de engenho do Norte e do Sul, "rentistas ociosos", "beletristas", "funcionários de anel no dedo" – e as elites brasileiras imitavam as elites européias para quem "ganhar o pão com o suor do rosto" era degradante. Quanto ao português "criado com a enxada na mão", chegando aqui, com certeza sentia-se também elite. Sua gente descobrira a terra e, portanto, ele também era meio dono e dono não trabalha. Quem trabalha é escravo, que ele comprava com relativa facilidade. Quanto ao caipira, sua inércia devia-se à doença, às verminoses, à malária, à ancilostomíase que lhe corroíam a saúde. O próprio Lobato reconhece-o mais tarde fazendo sua *mea culpa* pelo retrato maldoso do Jeca Tatu. O Macunaíma é ficção e o boa-vida de jereré é poesia.

Resumindo e terminando: um dos entrevistados de 1998 deu, numa frase curta, uma síntese emblemática, "o trabalhador brasileiro é um homem bom".

UMA ESTRELA NO QUINTAL Fechado o parêntese e voltando à tecelagem: a atuação do Gerubal não se resumia ao lado divertido.

Era motorista de ambulância dos casos graves, cabeceira de doentes também graves (um deles, asfixiado, morreu agarrado em mim), consolador de viúvas e órfãos, auxiliar do médico da empresa nas visitas para que ele me convocava, assistente (espectador horrorizado) de cirurgia no caso de acidente grave, ferimento a bala ou a faca.

E assim segui dez anos, paternalista em estado quimicamente puro, assistencialista e chefe de disciplina, como convinha a um Gerubal daqueles tempos, seguindo o código administrativo dos meus patrões, casado, pai de família, sentindo fisicamente a sensação da minha mediocridade e da falta de perspectiva profissional quando um dia, no meu último ano naquela empresa, caiu nas minhas mãos um livro, um Penguin Book de trezentas páginas em pequeno formato, de um psiquiatra escocês interessado em relações de trabalho, James A. C. Brown: THE SOCIAL PSYCHOLOGY OF INDUSTRY. Ao lê-lo, a impressão que tive foi de que uma estrela tinha caído no meu quintal.

A mediocridade em que eu estava envolvido era *apenas* a mais importante – embora a menos considerada – responsabilidade da orquestra administrativa. E isso porque, como sintetizei mais tarde num *slogan* que me acompanha até hoje e que divulgo aos quatro ventos: administrar é administrar gente. Não se administram fresas ou tornos ou teares ou balanços. Administram-se torneiros, fresadores, teceloões e contadores. Não se administram coisas. Administram-se as pessoas que manipulam as coisas.

Administrar é administrar gente. Acredito profundamente nisso. Esse conceito foi o credo e o grande orientador de toda a minha conduta em RH.

Meus dias na fábrica do interior estavam se acabando. Ia deixar de ser Gerubal para me tornar, depois de alguns percalços, gerente de relações industriais.

Infelizmente, não me saí bem. Acabei por me indispor com os donos, que, como se fazia naquele tempo, me "puseram no gelo" até eu pedir demissão e sair sem a indenização em dobro devida aos meus dez anos de emprego como exigia a CLT. (Ainda não havia FGTS.) Para ser justo, acredito que esse desagradável rompimento deveu-se também à bastante imaturidade dos meus verdes anos.

De administração não aprendi nada nessa década. Mas nem de longe ela foi uma década perdida. Muito pelo contrário, tive a felicidade de tomar um "banho de gente" no convívio com o fundamental de toda e qualquer administração: o ser humano. Somando com os meus dois anos e meio de exército (um na guerra), de convívio com a gente simples – com quem enfrentei os mesmos bombardeios de artilharia e senti o mesmo medo de morrer, desarmei as mesmas minas, dormi na mesma lama ou na mesma neve e comi na mesma gamela – construí e consolidei a base real de todo processo administrativo. Infelizmente, pouca gente, poucos administradores, deslumbrados com a técnica e com o dividendo, percebem essa verdade fundamental.

Do trabalho na tecelagem trouxe um amigo especial, Luís Antônio, amizade que começou na década de 1940 e que com o passar dos anos só tem aumentado. A partir do livro de Brown passei a ler administração, psicologia social das organizações, sociologia industrial, os divulgadores das ciências do homem (li também psicologia, sociologia e antropologia puras), história das relações de trabalho, história e desenvolvimento econômico do Brasil, e, por aí além, tudo o mais que ajudasse a montar uma cultura que favorecesse o conhecimento das relações humanas no trabalho. Apliquei-me tanto que terminei por escrever cinco livros de teoria e prática das relações humanas no trabalho sem contar este. (E mais cinco sobre outros temas.)

Como eu tinha muito pouca escolaridade (um sério *handicap*), diferentemente do comum nos profissionais de administração, universitários graduados e pós-graduados aqui e no exterior (o que é excelente), trabalhei primeiro, pratiquei primeiro e, guiado pela necessidade de permanente aperfeiçoamento do desempenho profissional, e para não ser ultrapassado por gente "formada", fui estudando pela vida afora o que o trabalho exigia

CAPÍTULO 6 | SÃO PAULO

Sonhei que estava sonhando

e que no meu sonho havia

um outro sonho esculpido. | **Carlos Drummond de Andrade**

MICROEMPRESÁRIO Em São Paulo, comecei me juntando a uns amigos (um deles era o Luís Antônio, companheiro de trabalho na fábrica do interior) para montar uma oficina de móveis. Um dos sócios (sócia) era uma desenhista francesa que criava belos móveis de ferro redondo e corda ou esteira ou tela de barbante. Muito bonitos. Um outro sócio era diretor de uma tecelagem e nos fornecia tecidos ao preço de custo. E outro estava se dedicando ao comércio de antigüidades e nos cedia algumas peças que vendíamos geralmente a bom preço, os móveis e objetos antigos estando na crista da onda. Nasceu então a Dom Quixote – móveis, tecidos, objetos de arte e de decoração.

Aos poucos reunimos uma equipe de dois soldadores italianos (um deles viera com a desenhista), um ajudante e mais uma menina que cuidava das cordas auxiliada pela sócia. A pintura, a pincel e a revólver, ficava por minha conta e também da desenhista. Eu fazia também as compras, as vendas e tratava de toda a burocracia sob as vistas de um contador visitante que se incumbia dos livros. Retirada dos sócios, só eu e a desenhista; retirada modesta porque o faturamento estava só iniciando.

Durante o final de 1955 e todo o ano de 1956 fomos lentamente prosperando, ficando conhecidos, contratamos um vendedor que expandiu bem nossos negócios e tudo levava a crer que podíamos contar com um futuro de sucesso.

No começo de 1957, tivemos uma grande alegria. Um empresário, proprietário de um grande hotel de Santos, encantou-se com o belo projeto apresentado por nossa sócia, contratou a Dom Quixote para toda a decoração de carnaval dos salões do seu hotel.

Exultamos. Levantamos dinheiro no banco, compramos toda a matéria-prima em ferro, corda, palha, tintas, esferas, e outros materiais além dos petrechos de solda, contratamos mais um soldador e começamos, cheios de entusiasmo, a realizar o trabalho.

Nas vésperas do carnaval, quando nos preparávamos para a montagem da decoração, o empresário mandou um recado: *non voglio più*. Não quero mais. E nem permitiu nenhum contato para uma satisfação. Quebramos. Infelizmente quebramos. Desgraçadamente quebramos.

E estávamos cheios das dívidas que o contrato gerou. Vendemos na bacia das almas o que foi possível dos materiais que tínhamos, inclusive o equipamento de solda que a sócia tinha trazido – o que eu tentei evitar, mas fui voto vencido, e até hoje ainda me aborrece –, o que eu achei uma grande injustiça. *Business is business*. Esse infame ditado nunca pensei que fosse envolver até eu mesmo. Pena.

Cada um de nós raspou o fundo do tacho, eu vendi um terreno comprado na cidade do interior em que trabalhara. Pagamos tudo até o último centavo. E eu, como se dizia naquele tempo, "fiquei de tanga".

BICOS Desempregado. Procurei emprego. E senti na pele o drama. Atendido sempre com afabilidade, recebia invariavelmente mais ou menos a mesma mensagem: "Estou satisfeito com a entrevista, parabéns pela experiência, você tem todos os qualificativos que nós estamos procurando. Aguarde um telefonema." (Outros eram mais requintados: "Vamos entrar em contato bem mais cedo do que você pensa.") Voltava para casa e contaminava a família com a minha alegria. Tinha arranjado emprego. E nunca mais ouvia falar do entrevistador amável. Daí por diante: primeiro – nunca disse a um candidato a emprego que ele tinha chance quando sabia que não tinha. Segundo – compreendi, por ter sentido na pele, o drama do desemprego e do desempregado. Como diz Edward Lutwak:

Estatísticas cruéis mostram que funcionários demitidos perdem mais que seus empregos: muitas vezes têm suas vidas encurtadas pelo estresse e pela humilhação, às vezes perdendo seus casamentos bem como suas casas.

Isso, graças a Deus, não aconteceu comigo. (Aliás, casa eu nem tinha para perder.) Um amigo, Alberto, me arrumou um bico. Homem de prestígio e conhecimentos, me arranjou um serviço de avaliador de imóveis para a prefeitura. Outro, Patti, também relacionadíssimo, me conseguiu uma consultoria numa indústria de fiação em Jundiaí. E, assim, fui garantindo "algum", como se dizia no tempo de Noel Rosa.

Sobre a consultoria, gostaria de abrir um parêntese. Fiz o trabalho mas ao entregá-lo, senti um certo constrangimento. Nunca tinha sido consultor. Até então fora Gerubal e, de raspão, microempresário de móveis de ferro. A bagagem era muito discreta. Mas o compromisso estava de pé, e eu nunca fui de jogar a toalha. Entreguei o trabalho duvidando um pouco da sua qualidade.

Passaram-se os anos. O então proprietário da indústria de fiação, viúvo, casou-se de novo com uma conhecida minha. Um dia (já no século XXI) conversando, ela falou: "Meu marido me disse que se tivesse seguido suas recomendações não teria tido que vender a fábrica." Foi uma das grandes alegrias profissionais, quer dizer de vida, que tive.

Um dos sócios da fiação me apresentou a um sueco, Axel, diretor para o Brasil de uma empresa de consultoria americana, que me contratou por 15 dias para fazer o levantamento da situação de pessoal de uma fazenda, propriedade de uma poderosa indústria. Fiz e defendi mais algum.

Terminado o contrato e entregue meu relatório (esse, verdadeiramente bem-feito), conversando com Axel no seu escritório, falávamos da minha situação de desempregado. Ele disse ao seu relações-públicas: "Telefone ao Paul, pergunte se ele tem alguma coisa para o Roberto."

O Paul era William (Bill) Francis Paul gerente – *office manager*, mais graduado que os gerentes de departamento – da Ford.

Foi a minha salvação.

INDUSTRIAL RELATIONS CLERK B Enverguei a minha melhor beca, a melhor camisa, uma gravata que tinha sido do meu pai e que eu só usava nas grandes ocasiões, engraxei os sapatos e fui para a Ford Motor Co. Exports Inc., no bairro do Ipiranga.

Tudo me encantou no prédio. A limpeza, a ordem, as cores sempre as mesmas, os vidros, as madeiras. (A tecelagem em que trabalhara durante anos nunca ficava inteiramente limpa. Uma poeira de algodão se depositava em tudo e ficava sempre suspensa no ar.) Depois vim a saber que na Ford não só as normas mas as coisas, todas as coisas eram padronizadas. Uma vez veio um especialista dos Estados Unidos para conferir o rigor do traçado geométrico do oval da marca Ford. (Ficou conhecido como o "gerente do oval".)

O Bill Paul (àquela altura Mister Paul) era uma ótima praça. Fez-me uma entrevista bem-montada e muito profissional. Estava com o coração na boca, mas com a maior cara de pôquer, como convém a um candidato a emprego. Para meu alívio não me mandou telefonar na semana que vem e me admitiu no ato. *Industrial Relations Clerk B*, quer dizer, auxiliar de escritório de pessoal horista, o menor cargo de Relações Industriais. Estava de volta à base da pirâmide, mas tinha um emprego ganhando menos do que eu pedira, mas pago duas vezes por mês chovesse ou fizesse Sol. Um emprego firme, estável, com benefícios, médico, gratificação no fim do ano (a "Gilda"), ótimo bandejão de comida farta – boa e baratíssima – cafezinho duas vezes por dia e até engraxate na sala. Nas horas extras, sanduíche e guaraná. Um luxo de tratamento cinco estrelas.

Meu chefe – supervisor de pessoal horista – era o seu Rodrigues, um português bem-apessoado e muito bem-educado, apreciador de Eça de

Queiroz, já de cabelo grisalho, velho funcionário da empresa que trabalhara na rua Solon onde ela se instalava antes de construir o novo prédio do Ipiranga. Seu chefe era gerente de departamento respondendo diretamente ao Bill Paul.

Pela primeira vez na vida vi, e não apenas vi, mas me localizei num organograma. (O cargo de clerque B — como nós brasileiros pronunciávamos — não tinha *status* para figurar num organograma. Mas, pelo seu Rodrigues, podia me localizar.)

Olhando o organograma de Relações Industriais (RI) vi, também pela primeira vez, o desenho de uma organização do setor com dois departamentos e diversas seções: benefícios, proteção do patrimônio, segurança do trabalho, médico, recrutamento e seleção, arquivo e controle, cozinha. (Ainda não havia seções nem de salários nem de treinamento — os supervisores dessas seções foram recrutados mais tarde por mim.) Cada seção com seus impressos próprios, seus mapas, suas tabelas.

Tudo isso, eu sei, para um RH de hoje soa primário e o que há de *déjà vu*. Mas acontece que não estou escrevendo só para os profissionais de RH. Para mim era a perplexidade, a racionalização, o método, e ainda mais importante: a metodologia.

A Ford, àquela altura, ainda era somente uma linha de montagem dos carros que vinham encaixotados dos Estados Unidos. Tinha cerca de três mil empregados. A primeira incumbência em que me vi envolvido juntamente com o seu Rodrigues foi montar a estrutura salarial do pessoal horista (!!!).

Na fábrica do interior onde trabalhara, a distribuição de salários era feita pelo gerente e por ninguém mais. Era uma operação ultra-sigilosa que ele realizava trancafiado na sua sala onde o acesso era vedado a quem quer que fosse, inclusive eu que era chefe do pessoal.

Um dia ele me deixou acompanhar um pouco o trabalho. Os critérios variavam de pôr o empregado "no gelo" sem aumento em casos como o de ter votado contra o candidato do patrão ou ter "falado mal" de alguém da família do patrão até receber aumento polpudo porque era um bom menino e a mãe estava passando dificuldade. Impossível mais empírico, menos racional e mais passional que, aliás, eram as marcas registradas da administração paternalista.

Agora estava ali na frente da montagem de uma estrutura salarial com graus, quartis, pontos médios, amplitudes de faixas e intervalos interquartílicos. Meu chefe era tão jejuno na coisa quanto eu, mas possuíamos ambos um auxiliar valioso: a tarimba. E nenhum dos dois era acostumado a brincar em serviço.

Tínhamos também para nos orientar o manual do Nema (NATIONAL ELECTRIC MANUFACTURERS ASSOCIATION, ou coisa que o valha) que explicava o processo de avaliação pelo sistema de pontos distribuídos por nove graus salariais contemplando quatro níveis de qualificação profissional: não qualificado – semiqualificado – qualificado – altamente qualificado. No primeiro nível, por exemplo, ficavam os ajudantes de serviços gerais e no último, os ferramenteiros de bancada. (Acho que era mais ou menos por aí.)

Pois seu Rodrigues e eu, com ignorância e tudo, montamos, e bem montada segundo o Bill Paul, talvez a primeira estrutura salarial por pontos do Brasil. Parece que a General Electric (GE) também montou a sua ao mesmo tempo. Mas isso, digo só de oitiva.

SUBINDO A Ford era comandada por um brasileiro (o seu Monteiro – gerente geral) e era uma empresa limpa que respeitava integralmente os direitos dos seus empregados. Administrava por racionalidade e não por empirismo emocional. Quando precisei de um adiantamento por problema de saúde da minha mulher, não foi necessário recorrer ao bom coração de ninguém. Falando com o supervisor de benefícios, constatei, para minha grata surpresa que ele mesmo, supervisor de seção, me autorizou a passar no caixa e retirar a importância solicitada a ser descontada em seis meses. Era a norma, o *procedure* e, portanto, um direito do empregado pelo regulamento interno. E não um favor do patrão.

Fiz uma rápida carreira na Ford. Com três meses de emprego fui promovido a supervisor de pessoal mensalista. E tive, entre outras, a satisfação de ver meu nome num quadradinho (num box) do organograma.

Um ano, dia por dia, depois da minha admissão, fui promovido a gerente do departamento de relações industriais da fundição de Osasco.

A inexperiência administrativa do Gerubal caipira era compensada, fartamente compensada pela longa lida olho-no-olho, ombro-no-ombro com o pessoal da base da pirâmide. A minha vocação humanista e o meu longo convívio íntimo com o pessoal não me serviram (e servem) apenas como conforto emocional e muito menos como bom-mocismo. Fez de mim um executivo capaz. Seria tão bom que esses moços e moças que saem da graduação e da pós-graduação, aqui e no exterior, sonhando com a sala acarpetada e a camisa social com gravata experimentassem pôr a mão na graxa, procurassem compreender e decifrar expectativas, aspirações e interesses do pessoal da base que é quem produz o produto da empresa, procurassem compreender que o fundamental da administração e portanto da eficiência e da eficácia administrativas está nos homens, a maior parte dos quais trabalhando no chão da fábrica. Os homens viveram mais de dez mil anos sem a fábrica, mas a fábrica não vive nem um dia sem o homem.

Administrar é administrar gente! O ano era 1958, o Presidente da República era Juscelino Kubitschek de Oliveira com seus "cinqüenta anos em cinco", com seu Plano de Metas que exigia (metas 6 a 12 — Transportes) que em 1960, 90% do caminhão e 95% do automóvel fossem fabricados no Brasil. Os caixotões de pinho-de-riga que traziam os veículos CKD ou SKD (*completely knocked down* ou *semiknocked down* — completamente desmontados ou semidesmontados) sumiram, e as indústrias automotivas tiveram de construir a toque de caixa, como queria Juscelino, suas fundições e suas fábricas de motores para não mais *montar* mas para *fabricar* o carro aqui.

A FUNDIÇÃO DE OSASCO A fundição teve sua primeira estaca cravada no chão brejoso de Osasco no dia 7 de julho de 1957 e, no dia

6 de julho de 1958, fizemos a primeira corrida de ferro. A fundição estava pronta e acabada.

Era uma organização de tamanho médio, com seiscentos empregados e uma administração completa: um gerente e cinco departamentos. O meu era o de relações industriais.

Os trabalhos de construção e montagem da fábrica propiciaram um contato muito chegado com o pessoal, todo mundo unido numa grande alegria de ver e participar daquela realização em tempo recorde.

Quando as operações de fundição começaram, o clima organizacional era desanuviado e alegre. Às vezes, nós nos reuníamos no sábado ou no domingo para um churrasco e alguma cantoria. Nessas ocasiões eu me lembrava dos Bambas e dava meu show de violão.

O gerente, um jovem sueco bom administrador, criativo, irreverente e alegre, um dia me perguntou se eu não tinha medo de que essa familiaridade toda com o pessoal não levasse à indisciplina e à falta de respeito a mim e ao resto da administração. Tranqüilizei-o.

Esse receio é típico dos administradores que não conhecem o pessoal em profundidade. "Se eu der o dedo, ele vai querer a mão e depois..." Receio demais de infundado. O verdadeiro líder é respeitado mas não temido. E pelo líder de verdade ninguém perde o respeito.

Uma boa experiência me veio dos meus anos de exército. Na tropa, em tempo de paz, no quartel, o relacionamento vertical é despótico, autoritário e ditatorial. Tem de ser. Imagine-se o que aconteceria a um regimento com mais de dois mil jovens se a disciplina fosse camarada. Ainda mais com soldado em grupo que já é (ou pelo menos era) meio baderneiro por vocação. Mesmo com disciplina mão-de-ferro a gente quebrava o galho de sentinela no Batalhão de Guardas no Rio de Janeiro, "fazia a pista" (largava a guarda e ia para Copacabana) e "acendia a tocha" (fugia para São Paulo) no 6° em Caçapava. Calcule se a disciplina afrouxasse.

Mas na horizontal, a praçaria forma um dos grupos mais democráticos que se possa imaginar. A farda (o verde-oliva tipo intendência) equaliza todo mundo.

Na tropa você não é um rapaz de boa família convocado. Você é soldado como todos os outros. E naquele tempo, soldado era sinônimo de "gentinha".

Um dia, montando guarda no Instituto Mallet, no Rio de Janeiro, numa folga à noite, eu estava no portão conversando com o sentinela quando vi se aproximando, ou melhor, se arrastando e gemendo, uma negra grávida, andrajosa, que passava pela frente. Fui a ela, perguntei o que havia e ela me disse [disse ao "seu soldado"] que ia indo para a maternidade ali perto, que estava sofrendo muito porque parecia que o filho estava para nascer. Tomei-a pelo braço e a fui amparando até o portão da maternidade. Apertei a campainha, abriu-se uma janelinha, falei e dali a pouco apareceu um médico jovem, bem-apessoado, com a roupa branca que deixa todo médico bonitão. Disse-lhe que a senhora parecia estar em trabalho de parto, precisando de cuidado médico. Olhou-me de alto abaixo e perguntou: "Você é companheiro dessa criatura?" Como na história da Carochinha dos meus tempos de criança: "Ai Faladá, Faladá, se minha mãe fosse viva morreria de dor."

Nos morros do Rio onde entrei bem-recebido: na Mangueira e na favela do Pau Fincado, Ponta do Caju (tinha uma ótima uca de mel) diziam que, no morro, só três categorias sociais têm salvo-conduto e trânsito livre: prostituta, cachorro e soldado (nessa ordem).

Pois bem, no *front*, dormíamos oficiais e praças no mesmo chão duro, comíamos a mesma refeição, nos tratávamos com a maior familiaridade e, no entanto, não vi sequer uma vez — repito, não vi sequer uma vez — algum praça do meu pelotão faltar com o respeito pelo tenente nosso comandante que nos tratava com toda afabilidade. O carioca tinha, naquele tempo, uma frase simpática: "Bronca é ferramenta de otário."

Quando o gerente da fundição da Ford me perguntou se trabalhador tratado com familiaridade e cortesia perde o respeito pelo chefe, eu sabia o que estava falando quando afirmei que não.

Nessa fundição, criamos um dos melhores climas organizacionais em que trabalhei. O resultado não se fez esperar. Era uma fundição de ferro cinzento, ferro sintético, quer dizer, conseguido pela fusão de retalhos de chapas de aço em que se injetava carbono via moinha de coque. No processo, o aço, que viera do ferro por eliminação de carbono, voltava a ser ferro pela injeção de carbono.

Dizia que os resultados do clima organizacional não se fizeram esperar: fabricamos ferro perlítico e nodular de qualidade superior ao americano. Quando digo que o trabalhador brasileiro é no mínimo tão bom quanto o de qualquer outra parte do mundo, não é por ufanismo. É por experiência. O trabalho na fundição, onde fiquei três anos, foi para mim uma experiência extremamente gratificante. Mais tarde, quando voltei para o Ipiranga novamente promovido, mantive sempre contato com Osasco.

Fiquei tão ligado à fundição que uma noite, já de volta ao Ipiranga, estava em casa quando vieram me avisar que os metalúrgicos de Osasco, em greve, planejavam invadir a fábrica. Peguei o carro, fui para lá, passei a noite com meus amigos jogando xadrez, tomando café e tocando violão. Greve, no interior onde trabalhara, nunca tinha visto. Fui ver no Ipiranga ainda como supervisor de pessoal mensalista. Foi muito feio. Os metalúrgicos cercaram a fábrica agressivos, mandando parar e ficando ouriçados quando não parou. No portão eu negociava com um representante quando o gerente de relações industriais, meu chefe, mandou jogar água nos piqueteiros, uma decisão absurda, para dizer o mínimo. O supervisor de proteção do patrimônio, homem corajoso e cumpridor do dever, ligou uma mangueira de incêndio num hidrante e soltou o jato sobre o piquete. Nessa hora chegou estrategicamente no meio dos grevistas um caminhão carregado de pedras. E pedra voou, choveu em cima de nós com um poder ofensivo em que eu nunca acreditaria. Nenhum vidro da frente da fábrica ficou inteiro. Fui tentando controlar a retirada em ordem quando uma pedra foi direto na cabeça do chefe do patrimônio. Ele curvou as pernas, mas firmou de novo e continuou firme na mangueira. Nesse momento, graças a Deus, alguém teve o bom senso de mandar apitar a sereia sinalizando a paralisação da fábrica. O chefe do patrimônio, ferido, foi recolhido à enfermaria e o pessoal, na porta da linha de montagem hesitava, temeroso, em sair quando um velho trabalhador, com o paletó no ombro, foi direto ao portão. Foi recebido com aplauso pelo piquete e saiu carregado em triunfo.

Esse meu então gerente, que mandou jogar água no pessoal, ficou desassossegado quando me viu sair debaixo do seu comando e acumular promoções. Acho que passou a me detestar.

Uma vez um seu advogado auxiliar, ótimo colega mas despido de vaidade, me contou a seguinte conversa do gerente: "Fulano, você é um bacharel, você não pode andar assim desleixado desse jeito, sem panca nenhuma. Sem panca ninguém sobe na vida. Olha o Roberto por exemplo. O Roberto é um m... mas ele tem panca." No Ipiranga acumulei a gerência de dois departamentos: pessoal horista e treinamento.

MAKE HIM FEEL IMPORTANT Já estávamos em 1961 e o tempo do Bill Paul no Brasil se esgota. Lá por agosto ou setembro ele me chamou e disse que eu ia substituí-lo. Exultei é claro. Ia ser *office manager* com direito a um Galaxy, diversas mordomias e salário bem maior. Por sorte, não contei a ninguém, não por modéstia mas para fazer surpresa. Em outubro, o gerente geral me chamou e me apresentou um texano alto, meu novo chefe, substituto do Bill Paul.

E isso é típico de americano nutrido de *human relations*, estilo Dale Carnegie, que é o maior manual de mistificação e hipocrisia que conheci. Entre os mandamentos do relacionamento chefe/subordinado encontra-se: *make him feel important* – faça-o sentir-se importante (embora esteja convencido de que ele não é); nunca diga a um subordinado que ele está errado (mesmo que o erro seja gritante), para agradá-lo, minta se for preciso. Foi o que o Paul fez comigo.

Trabalhar com a cabeça no teto não faz meu gênero. Decidi no ato que iria embora. Mas, funcionário leal que sempre fui, não disse nada ao novo chefe, ou melhor, só disse a ele depois de passado o mês de novembro e terminada a greve dos metalúrgicos. Fiquei assessorando-o até o fim do ano e aí, como se diz, "peguei o boné".

Antes de sair recebi outra típica de gringo. O gerente geral, sabendo que eu ia pedir demissão, convidou minha mulher e eu para jantar na sua casa. Fomos.

No dia seguinte, meu colega de administração, americano, me cercou no corredor e, com um olhar cheio de certezas, sorrisos e segundas intenções, perguntou como é que tinha sido o jantar na casa do *boss* e o que minha mulher tinha achado. Ele e o *boss* estavam certos de que jantar na casa de americano, ainda mais o número um, era uma distinção tão esplêndida conferida a um *cucaracha south of the border* que eu, deslumbrado e grato até a alma, jamais sairia de uma empresa que tratava o subordinado com tanta condescendente democracia. (Seja dito de passagem, lido de trás para diante, *boss* fica *double* SOB.)

À pergunta cheia de intenções do colega americano respondi: "Minha mulher está acostumada a freqüentar ambientes bem mais sofisticados" e deixei o coitado petrificado de surpresa.

Petrificada e escandalosa surpresa maior só no ano seguinte quando, em Nova York, a serviço da nova empresa para a qual trabalhava, encontrei o *boss* no café da manhã do mesmo hotel em que estava. A perplexidade foi tanta que ele tentou mas não conseguiu levantar-se para me cumprimentar. Os olhos arregalados e a expressão de estupor diziam: "Como é que esse hispânico que teve o atrevimento de sair de uma empresa americana (a-m-e-r-i-c-a-n-a) conseguiu sair da sarjeta e tem o topete de estar aqui, com o ar próspero, no mesmo hotel que eu?"

Trabalhar em empresa americana é muito bom, e os americanos são gente agradável e de ótimo trato. Já tinha tido uma boa experiência durante a guerra na Itália em que a Força Expedicionária Brasileira (FEB) era um destacamento do quinto exército americano. O tratamento que eles dispensavam ao soldado, nós "xepeiros" brasileiros custávamos a acreditar. No dia 1º de janeiro de 1945, comemos, no *front*, peru. E de sobremesa salada de frutas Libby. (Peru! No *front*!) Infelizmente o tolo sentimento de povo eleito (cujas funestas conseqüências vimos na miopia de um presidente arrogante, que acha que pode americanizar o mundo a partir do Iraque exportando o estilo de vida americano como se fosse uma *commodity* ou um pacote) prejudica demais o relacionamento deles com o resto do mundo. *Manifest destiny!* Destino manifesto, veja você! Nos meus seis anos de Ford aprendi muito do que sei de administração racional. E ganhei tão bem que pude até comprar (com a ajuda da venda de um terreno herdado por minha mulher) uma ótima casa de muito boa arquitetura (projeto Aflalo) na Vila Elvira, em Santo Amaro.

O que a administração brasileira, especialmente nós de pessoal, deve às empresas americanas que literalmente nos ensinaram a administrar, não sei se poderemos algum dia pagar, mas seremos sempre gratos.

Do Paul não guardei nenhum rancor. Ele foi um dos melhores chefes que tive e me tratou sempre com toda a consideração, além de reconhecer e premiar o meu esforço. Quanto aos vezos da sua cultura: "cada povo com seu uso, cada roca com seu fuso."

CAPÍTULO 7 | **BUSINESSMAN DE ARAQUE**

*O seguinte é esse: o princípio de toda pior bobagem é um se
prezar demais o próprio de sua pessoa.* | **Guimarães Rosa**

BRASÍLIA S. A. Sabendo que eu ia sair da Ford, o antigo gerente geral –
brasileiro, conselheiro de muitas organizações – me convidou para participar como executivo de um grupo de homens de negócio que montavam
uma empresa dedicada à consultoria de empreendimentos. Eu não sabia
bem do que se tratava, mas aceitei. (Mais tarde verifiquei perplexo que eles
também não sabiam.)

Os sócios eram, além dele, três empresários, um presidente de múlti e
um advogado famoso. De cara me nomearam diretor-superintendente in-
cumbido de organizar o empreendimento. Fiquei, era natural, muito lisonjeado com o que eu achava uma rara distinção. E era.

Pela primeira vez na vida me envolvi com empresários e gente altamente
situada no mundo do *business*. A minha visão de Gerubal era que se tratava
de um grupo de gigantes, que navegavam na esfera dos negócios, praticamente oniscientes.

Almoçavam no Automóvel Clube, um espaço confortável e bem-educado para onde, no segundo almoço, fui convidado pela diretoria do clube a
me associar. Às vezes almoçava no São Paulo Clube, onde via os maiores
magnatas do Estado.

Estava lisonjeado, mas sentia, vagamente inquieto, que alguma coisa,
não sabia o que, não corria bem (recorrendo mais uma vez a Drummond,
"Eu via, ai de mim, sentia que o sonho era sonho, e falso").

Não vou me alongar. Não vale a pena.

Para instalar a empresa – Brasília S.A. – Consultores de Empreendimentos –, desenhei um espaço em duas salas. Uma onde ficaria a secretária e a sala de espera. Outra, com minha mesa e uma mesa de reunião. Alugaram meio andar na rua 24 de Maio, com sete salas. E contrataram três secretárias. Um dia apareceu por lá um americano alto, olho azul, muito bem apessoado, falando um inglês rico e bem trabalhado. Imediatamente contrataram o dito-cujo como vice-presidente e, acredite se quiser, despacharam-no comigo para os Estados Unidos em busca de investimentos a serem feitos no Brasil.

Fiquei atônito, mas pensando que era claro que eles (não eu) sabiam o que estavam fazendo, aceitei sem comentários. Logo depois vim a saber que o americano (Bill também, como o Paul) era animador de cruzeiros marítimos e um extraordinário mistificador de fala bonita. Nenhum dos sócios de Brasília procurou investigar de quem se tratava.

E, analise-se a situação: **1.** mandar aos Estados Unidos procurar negócios de investimento para o Brasil, depois da mixórdia aprontada por Jânio Quadros e quando João Goulart, tido como comunista pelos americanos, era Presidente da República; **2.** incumbir da missão um ex-gerente de pessoal sem nenhuma experiência no mundo dos negócios e um picareta animador de cruzeiros que falava bem; **3.** dar a esses dois inexperientes, como objetivo, discutir com os maiores pesos-pesados do *business* internacional do mais rico país do mundo e convencê-los a trazer seus negócios para cá; e **4.** realizar tudo isso sem nenhuma espécie de planejamento.

É claro que a aventura só poderia redundar no retumbante fracasso em que de fato redundou. E é claro que nenhum dos *businessmen* tupiniquins iria assumir a responsabilidade pela tolice. Resultado: fui responsabilizado pelo insucesso e demitido sumariamente. Só fizeram me atrasar a vida. Mas o episódio me ensinou tanto que valeu a pena.

Entre outras coisas: me senti muito lisonjeado, mas nunca deslumbrado por tratar com gente "importante". Além disso, aprendi, entre outras, uma grande lição que me valeu demais pela vida afora: não supervalorizar figurões só porque são figurões, e não me subvalorizar porque não sou figurão.

Aliás, para minha surpresa, numa discussão em reunião de diretoria, com os meus anos de tirocínio, de planejamento, programação e controle de resultados com datas fatais inadiáveis, de administração racional e enxuta na Ford, jogava poeira nos olhos de todos eles.

Nenhum deles tinha lido ou passado perto da grande literatura, da boa literatura formadora que meus irmãos e eu líamos ainda na adolescência. Como cultura geral, eram pouco mais que primários.

Sem dúvida eram homens de sucesso e respeitados nos seus ramos, mas, por causa disso e por serem muito incensados, na sua hipertrofiada autoestima, julgavam-se capazes de tudo, inclusive do negócio de alto prestígio (e alto ibope) que seria atrair investimentos do mundo para o Brasil. E aí deu no que deu.

Em resumo, era um grupo humano como qualquer outro, sem ninguém excepcional. Tinha gente boa, inteligente e bem-educada. E tinha muito panaca.

CONSULTOR ADMINISTRATIVO Quando migrei da Ford para a Brasília S.A., pus, como *conditio sine qua non*, a possibilidade de montar e tocar minha própria consultoria.

Veio da Ford comigo o Rocha, um jovem economista de grande talento, especialista em administração de salários. Fundamos a Elton – Consultores Administrativos. (Elton em homenagem a Elton Mayo, psicólogo australiano que a partir de 1927 descobriu um ovo de Colombo que marcou indelevelmente a administração de empresas: diferentemente do que queria Taylor, o trabalho industrial não se resume a um relacionamento mecânico homem-máquina, mas acima de tudo, é a expressão de um relacionamento social homem-homem, e, principalmente, homem-grupo.)

A consultoria de pessoal naquele tempo – meados de 1965 – não era fácil. Além de a especialidade continuar sendo considerada uma função subalterna e incômoda, a consultoria em si era olhada com desconfiança quando não, às vezes com justiça, tida como picaretagem. (Havia muitos pretensos consultores que contribuíam ponderavelmente para esse julgamento.) Um dia, ao fazer meu *marketing* com um amigo usineiro de açúcar ele me disse: "Se você não fosse meu amigo eu te jogava pela janela." Ele tinha contratado uma consultoria de O&M (Organização e Métodos) para racionalizar a administração da usina.

Os especialistas trabalharam e, entre outras coisas, apresentaram um novo plano de salários, com certeza feito com competência. Como mandava a boa norma, numa remuneração por produção (o infame *piece-rate* de Taylor), quem produzisse mais ganhava mais. Justo, muito justo. Naturalmente os mais jovens, mais sadios e mais ágeis, produziam mais e ganhavam mais do que os mais velhos. Justíssimo. Era o que recomendava a melhor norma de remuneração. Pagou-se o pessoal.

No dia do pagamento, a usina inteira, agitada, aglomerou-se na porta do escritório. Os mais jovens, filhos, ganhavam mais do que os mais velhos, pais, o que era humilhante, inadmissível e desestruturador dos laços de família segundo a cultura cabocla reinante no local. Os especialistas, embora obedecendo aos melhores cânones da administração de salários, esqueceram esse "pequeno" detalhe.

De qualquer modo, a nossa consultoria, se não nos deixava ricos, permitia-nos sobreviver. Fechamos diversos contratos e prestamos serviços até em Belém do Pará. Mas, às vezes, sem contrato e portanto sem faturamento, passei por alguns momentos de apertura financeira bem duros. Alguns tão duros que não gosto nem de lembrar.

Durante a fase Elton, tive algumas aventuras. A maior delas foi a minha reversão ao cristianismo via Cursilhos de Cristandade. Aquele Deus cruel e vingativo, aquele Papai do Céu que punia a criancinha que dissera nome feio ou o jovem que se encantara mirando a pernoca bem-torneada da moça bonita, que arriscava o inferno se tivesse (veja a enormidade!), se tivesse *maus pensamentos!*, foi substituído pelo Deus do Amor, pelo Cristo caridade e perdão que recebia de braços abertos o filho estróina que dissipara sua vida com meretrizes, tão degradado que chegara a morar num chiqueiro. A noção do dever para com os outros, que recebera dos meus pais, encontrou uma sólida raiz evangélica. Comecei a trabalhar com minha mulher e alguns amigos, com gente pobre da periferia. Por causa desse trabalho, a esposa do governador de então, Maria do Carmo, insatisfeita com o puro assistencialismo da Assistência Social do Palácio, me incumbiu de organizar alguma coisa menos caritativa e mais dinâmica. Com alguns amigos, organizei e dirigi o Plano de Amparo Social (PAS) e coordenei, assessorado por professores da Universidade de São Paulo (USP) e com a colaboração de uma centena de alunos, o mais amplo levantamento da situação das populações migrantes do Estado.

Nesse tempo também, convidado pela Associação dos Dirigentes Cristãos de Empresa (ADCE), ministrei, em São Paulo e fora de São Paulo, diversos seminários sobre humanização das relações de trabalho e fiz amigos que iriam influir na minha vida como se verá mais tarde.

A Elton representou um período profissional e financeiramente difícil. Fez-me viver alguns dos mais duros momentos de apertura financeira da minha vida. Momentos de que, como já disse, nem gosto de lembrar. Mas não deixou de me dar também alegrias.

Um dia o Rocha prestou concurso para fiscal de rendas, foi aprovado e lotado em Curitiba. Por esse tempo, a Ford comprou a Willys Overland e passou de pouco mais de três mil para vinte e poucos mil empregados. O gerente geral subiu a presidente e os *office managers*, a diretores. Para a diretoria de relações industriais mandaram de volta o Bill Paul e ele me convidou para voltar também. Conhecendo bem a política de salários da Ford (e bem mais amadurecido), negociei com ele uma boa faixa salarial que me garantisse inclusive uma gratificação gorda de fim de ano. E impus como condição trabalhar só no *staff*. Estava cansado de tantos anos na dura lida com a linha.

Antes de conversar com o Paul, eu tinha negociado um contrato com uma usina de açúcar no interior de São Paulo. E precisava de trinta dias para cumpri-lo. O Paul concedeu.

Terminado o contrato e embolsados seus frutos, me dispunha a me apresentar ao Paul quando um tio da minha mulher, embaixador na ONU, me convidou para assessorá-lo numa Conferência Mundial dos Direitos do Homem, em Teerã. (A nomeação chegou a ser publicada num boletim do Itamaraty.) Mas dessa vez o Paul, precisando fechar sua organização e tocar seu trabalho, disse não.

FORD AGAIN Passei a chave na porta do escritório e, como se diz, "puxei o carro". Entrei na Ford como gerente (departamento) de planejamento da organização ganhando bem, com direito a gratificação anual de bom nível e tendo diversos benefícios inclusive um Aerowillys zerinho à minha disposição.

Meu chefe era um jovem (Jim), especialista de alto nível em organização e meus auxiliares eram cinco analistas que eu mesmo recrutei. Durante um ano trabalhei nisso. E aprendi muito.

Completado um ano de casa, o Bill Paul me chamou dizendo que tinha se comprometido comigo a não me mandar para a linha, mas que os problemas da fábrica de São Bernardo do Campo estavam se avolumando, o americano gerente ia de volta para os Estados Unidos e ele achava que eu era the right man for in right place (a pessoa indicada para a função) e que precisava de mim para a tarefa. Mas, sempre respeitando o compromisso assumido à minha contratação, eu só iria se concordasse, tanto assim que ele me dava 24 horas para pensar. (Convenhamos que é um jeito meio maroto de "respeitar" compromissos e convenhamos também que eu não sou nenhum otário para recusar uma demonstração de confiança vinda do moço que pagava meu salário.) Disse que não precisava nem de 24 minutos e já saí da sala do Paul engajado na fábrica de São Bernardo. Antes de assumir, era necessário que eu tomasse um banho de civilização nos Estados Unidos. Fui.

Na última perna da viagem, de Nova York a Detroit, tive uma demonstração prática de cultura americana. Sozinho na primeira classe (executivo da Ford só viajava de primeira), pedi à comissária que me trouxesse um uísque e pegasse um para ela para conversarmos.

Era uma menina muito parecida com minha filha Fernanda, mas com outra cor de olhos que fiquei sabendo serem *hazel* (castanho-claro). Lá pelas tantas ela me perguntou de onde eu era e eu disse que era do Brasil. Ela meio espantada declarou: "Eu pensei que todos os brasileiros eram negros, mas você não é negro. Ou é? *(Or are you?)*"

BANHO (MORNO) DE PRIMEIRO MUNDO Fiquei um mês em Dearborn indo todos os dias à Ford-Detroit. Curiosidade: naquele tempo, em Dearborn, negro podia trabalhar, mas não podia dormir!

Encontrei especialistas de Relações Industriais (RI) simpáticos, amabilíssimos; pilotei um Mustang alinhadíssimo; freqüentei aos domingos o belo museu de viaturas em Greenfield Village, onde vi o Spirit of Saint Louis com que o aviador americano Charles Lindberg cruzou o Atlântico, a maior locomotiva Baldwin construída, as velhas diligências do velho Oeste, as oficinas de Henry Ford, Thomas Edison e dos irmãos Wright que surrupiaram de Santos Dumont as glórias do primeiro avião, e o mais lindo de tudo: a Masserati 1934, um *design* inacreditável.

E de RI não aprendi nada.

Mas ganhei muito. Uma moça de treinamento, acho que Louetta ou Louella, empenhada em *sensitivity training* – recurso em que eu nunca acreditei – me falou de alguns mestres das ciências humanas aplicadas à administração como Douglas McGregor, Chester Barnard, Ralph Davis e outros mais. Chegando ao Brasil encomendei seus livros e essa gente banhou de uma nova luz os meus conhecimentos de pessoal. A partir daqueles mestres, montei uma pequena mas sólida biblioteca da especialidade. Colhi inclusive motivação para o meu primeiro livro de teoria e prática de administração de pessoal, DESENVOLVIMENTO DE LIDERANÇA NA EMPRESA.

DE VOLTA À CIVILIZAÇÃO A fábrica de São Bernardo, na Estrada do Taboão (a antiga Willys, para onde fui, voltando da viagem) foi uma bela experiência e uma grande oportunidade de amadurecimento profissional (quer dizer: amadurecimento humano).

Contava com um efetivo de cerca de vinte mil empregados, fábricas de estamparia, montagem, motores (*power train*), pintura, tratamento térmico e tudo o mais de uma grande indústria de automóveis, com exceção de fundição, situada em outro local.

Na minha gerência, havia, colaborando comigo, quatro departamentos para os quais tive a sorte de reunir quatro excelentes profissionais, que tornaram minha gestão uma alegria. Quanto à remuneração, subi dois graus tanto no salário mensal quanto na remuneração anual, num nível já incluído na participação dos lucros.

Troquei meu Aerowillys por um belo Galaxy – gasolina e manutenção por conta da "viúva", como nós chamávamos, brincando, a companhia – e acrescentei à minha frota um Corcel para minha mulher (por conta da mesma senhora).

Em São Bernardo voltei a me envolver com a moçada do chão da fábrica. Uma experiência interessante me veio do relacionamento com os chamados "representantes dos empregados" que volta e meia me procuravam com suas reclamações e reivindicações. Até que, conversando com meu gerente de relações trabalhistas, José Moura, amigo do peito até hoje, resolvemos organizar o contato. Decidimos então que, em vez de vir nos procurar seguidamente, nos obrigando a convocar de uma hora para outra os gerentes dos departamentos, alvos da reclamação (interrompendo nossa rotina e nos exigindo um tempo exagerado), marcaríamos uma reunião quinzenal que seria precedida do rol das reclamações/reivindicações enviadas pelo grupo de fábrica. Os gerentes envolvidos as estudariam previamente de modo que, à reunião, estaríamos todos prontos e preparados para responder e explicar o porquê de um sim ou de um não. As reuniões foram um sucesso de ordem e eficiência.

Sem premeditar, estávamos montando um esquema altamente eficaz de diálogo com uma "comissão de fábrica" só que montada "por dentro", pela administração, com o aval dos representantes sindicais.

Ia tudo às mil maravilhas quando o bobalhão do gringo *labour relations* (relações trabalhistas) do *staff*, sabendo do caso, entrou em pânico e, apavorado, convenceu o Bill Paul de que nós estávamos subvertendo as relações de trabalho da Ford. E o Paul que, seja dito de passagem, certo ou errado sempre decidia a favor dos seus compatriotas, mandou que terminássemos um negócio que ia tão bem.

As relações de trabalho da fábrica, naqueles anos, foram sempre meio tumultuadas. Enfrentei inclusive uma vez (vez primeira e única) uma greve de engenheiros, pessoal de colarinho branco que ganhava bem em boas condições de trabalho. Não me lembro mais das causas.

Esses incidentes em que de todos os cantos do mosaico administrativo nos víamos envolvidos nos aproximavam muito, criando oportunidades de cooperação e de auxílio recíproco, nos faziam torcer pelo sucesso do outro e, toda vez que possível, auxiliá-lo, tornando nosso relacionamento muito chegado, muito agradável e muito amigo, e alimentando o espírito esportivo tão característico de quem enfrenta junto a dureza e a alegria do trabalho na fábrica.

Havia na administração de linha, um gerente, italiano, Peris Marco, piloto amador nas horas vagas, que me chamava de "chéfê" e que era um grande praça. Um dia o Peris Marco entrou na minha sala e disse: "Chéfê, escreveram na parede do banheiro que todo diretor da Ford é safado." E eu: "Ainda bem que eu não sou diretor da Ford, não?" E ele: "Chéfê, você não é diretor mas você também é safado!"

Tanta gente boa em todos os níveis de organograma faz da fábrica um dos subsistemas sociais mais sólidos, não apenas economicamente mas socialmente eficaz, dos mais integrados e dos mais agradáveis.

No meu já citado primeiro livro de administração, gerado em São Bernardo, eu dizia:

A empresa é uma sociedade especial, bem delimitada porém aberta, governada por uma hierarquia clara e facilmente reconhecida onde o status costuma ser adquirido por merecimento e o acesso é largamente aberto ao esforço. A história da indústria moderna está recheada de office-boys que se tornaram diretores. (Seja dito à margem do texto, o gerente que nomeei para os serviços administrativos em São Bernardo, Silas, começou na Ford como office-boy do Ipiranga.) A empresa tem propósitos bem definidos e por isso pode divulgar seus objetivos e interessar neles sua população ou pelo menos a maioria dos seus supervisores, criando excelentes condições de cooperação, ingrediente básico da harmonia social.

A natureza das suas operações agrega grupos grandes de indivíduos de mesmo background em extensas faixas homogêneas de idade e de condições sociais e econômicas, fertilizando o terreno das afinidades e desobstruindo os canais de comunicação. (Além de outros executivos, dois presidentes da Ford casaram com suas secretárias brasileiras.)

As suas leis são simples, funcionais e, portanto, aceitas sem dificuldade. As normas administrativas, inclusive os regulamentos disciplinares, são muito menos inflexíveis do que outros códigos que regulam as relações humanas como o civil, o penal, o Regulamento Disciplinar do Exército (RDE), as constituições.

A empresa geralmente cria condições razoavelmente satisfatórias de assistência, proteção e amparo ao empregado, reforçadas pela previdência do Estado, pelo direito do trabalho, pelo sindicato de classe. É nessas condições que a grande maioria dinâmica do mundo ocidental vive a maior parte da sua vida acordada.

Fiz na fábrica amizades que duram até hoje. Dois dos companheiros de agora, Tavares e Moura, coordenadores como eu de um projeto de humanização das relações humanas no trabalho (último tema deste livro), trabalharam comigo em São Bernardo entre 1969 e 1970. E outros também de lá, Marly, Messias, Carlinhos Rebouças, acompanham sempre os meus trabalhos.

Foi também em São Bernardo que percebi que minhas tentativas de servir o próximo, junto aos menos favorecidos da periferia, estavam mal orientadas. Eu não era assistente social e, portanto, por mais boa vontade e boa intenção que tivesse, não podia ser eficiente nessa tarefa. Vi que eu, rato de fábrica, entendia mesmo era de administração e que o pessoal da empresa, de todos os níveis, precisa e muito de uma visão mais humanizada das relações de trabalho. Daí por diante, e até hoje, a empresa foi o nicho da sociedade a que me dediquei. Estava nascendo, embrionariamente, uma idéia que, mais tarde, me faria trabalhar por um grande ideal que se enraizava na seguinte base: se a empresa mudar, a sociedade muda também. Num discurso famoso, Martin Luther King repetia o refrão: "*I have a dream!*" O meu sonho estava sendo gerado bem ali, no meio de uma grande comunidade de trabalho, numa fábrica em São Bernardo do Campo.

MAIS UM DEGRAU Depois de três anos em São Bernardo, ganhei mais uma promoção que me trouxe de volta ao *staff*: gerente das operações de relações industriais. Os RIs de todas as fábricas − São Bernardo, Ipiranga, Osasco, Taubaté e Jaboatão − reportavam-se a mim.

Mais uma vez minha féria engordou (no mês e no ano) e mais uma vez aumentei minha frota, com outro Corcel para minha filha.

A vida no *staff* era bem mais mansa. Foi no *staff* que eu, pela primeira vez, com Diogo, gerente de RI das fábricas do Ipiranga, e Marly, supervisora de treinamento, amigos até hoje, montei um programa de integração no planejamento estratégico que incluía a base da pirâmide: o PIB − Programa de Integração pela Base −, primeiro passo para a administração participativa.

A vida no *staff* continuava mansa, eu estava organizando um novo PIB para a linha de montagem final quando, uma tarde, recebi um telefonema do Nelson, titular nomeado da Secretaria da Fazenda do Estado, um dos participantes dos meus seminários na ADCE que já mencionei. Por telefone, ele me apresentou uma pessoa chamada Thomaz, também nomeado titular, da Secretaria dos Transportes.

Marcamos um encontro no seu escritório, rua Avanhandava, e ele me disse que queria minha colaboração para o problema mais grave da sua secretaria: a administração de pessoal da Fepasa. Disse-lhe que teria o maior prazer, o mesmo prazer que tinha ao auxiliar o Nelson, quando presidente do Metrô, e outros participantes dos meus seminários ADCE, que recorriam a mim.

Respondeu-me que o que ele queria não era uma colaboração episódica mas sim que eu assumisse a diretoria de pessoal da ferrovia. Agradeci muito, mas disse-lhe que já ralara bastante na minha vida profissional e que agora queria mesmo era ficar na Ford, com todas as minhas mordomias, à espera da aposentadoria milionária a que, no meu nível executivo, tinha direito.

Disse-me que, quando convidado pelo Presidente da República, dissera a mesma coisa e aquele lhe respondera: "Thomaz, nenhum brasileiro que se diz patriota tem o direito de dizer não quando o País precisa do seu serviço", e que ele, Thomaz, passava o dito para mim.

O golpe foi mais duro do que eu podia suportar (tinha ido com a FEB para a guerra por escolha minha e amava – ainda amo – o Brasil como poucos). Só tive que aceitar.

Acompanhando-me até o elevador disse-me: "Não quero te iludir. O problema de pessoal da Fepasa é o mais grave da minha secretaria. Dizem que é insolúvel."

E eu, que nunca sou arrogante, respondi: "Em administração de empresa, não acredito em problema insolúvel." Já entrei no elevador me mandando a todos os diabos e mais tarde pedi todas as desculpas ao Thomaz. (Mas cá entre nós, em off, posso dizer que, com dez anos de Gerubal mais 12 de Ford e mais seis garimpando meu ganha-pão por conta própria, não acreditava mesmo. E continuo não acreditando.) O Thomaz foi um dos seres humanos mais notáveis e mais completos que conheci. Engenheiro, proprietário de uma grande empresa de engenharia, homem simples e sem máscara, era, além de grande administrador, um dos maiores líderes naturais com quem convivi. Culto e ilustrado, amante da boa música (um apaixonado pela fase barroca), freqüentador da melhor literatura, possuidor de uma nobre pinacoteca, era um planejador e um administrador da mais alta qualidade. Partilhava comigo do mesmo pendor pela humanização das relações de trabalho e era um chefe democrata, alegre, bem-humorado e enormemente inspirador. Ficamos amigos. Ia à noite à minha casa levando uma ou duas garrafas dos seus excelentes Bordeaux, e ficávamos até tarde, às vezes recitando García Lorca com fundo musical pelo violão do meu filho João Candido.

Teve, desgraçadamente, um fim trágico.

CAPÍTULO 8 | **FERROVIA PAULISTA**

O homem é o lobo do homem. | **Plauto***

FERROVIÁRIO Fui para a Fepasa como diretor de RH e organização ganhando – com a anuência (e o incentivo) da minha mulher – metade do que eu ganhava na Ford e perdendo não só a minha bela frota mas também férias, décimo terceiro e fundo de garantia. A Fepasa era o desafio que eu pedira a Deus.

Tomei posse no dia primeiro de abril de 1975. No dia seguinte, dia 2, por engraçadinha falseta do meu antecessor, tinha audiência de instrução e conciliação de um dissídio coletivo dos ferroviários, um dos maiores da história contenciosa de São Paulo. Seja dito de passagem que, quando tomei posse, a Fepasa tinha 26 mil empregados e 63 mil reclamações trabalhistas em andamento.

* *A metáfora é geralmente atribuída ao filósofo inglês Thomas Hobbes como se lê, por exemplo, no prefácio da Editora Abril ao Leviatã: "'O homem é o lobo do homem' é uma das frases mais repetidas por aqueles que se referem a Hobbes. Essa máxima aparece na obra Sobre o Cidadão..." Mas, em que pesem a voz geral e o prefácio da Abril, sua origem está na quarta cena do segundo ato da comédia "Asinaria" do comediógrafo romano Plauto (séculos III/II a. C.) em que o personagem Mercador diz a Leônida, "... não me disponho a confiar este dinheiro a ti que não conheço. O homem é o lobo do homem, não um ser humano, para a pessoa que desconhece."*

Reclamavam diretores, reclamava o advogado-chefe do meu departamento jurídico-trabalhista. Reclamar era desejável sinal de companheirismo. Quem não reclamava era olhado de soslaio pelos patriotas reclamantes. A Fepasa era, sem hipérbole, um pesadelo jurídico. Com um advogado, fui ao juiz competente e pedi um adiamento da audiência. Concedeu-me 14 dias úteis.

A Fepasa fora constituída pela reunião (sem nenhum planejamento prévio, como sói acontecer na administração pública) de cinco ex-ferrovias que me davam cinco sindicatos, um de cada ex-ferrovia.

Disse aos meus advogados (a minha diretoria tinha 35 advogados trabalhistas) que iria pedir aos sindicatos o arquivamento do dissídio para estudá-lo bem e responder suas reivindicações, não jurídica (que não era a minha praia) mas administrativamente. Que eu, no fórum, não sabia me locomover, mas que à minha mesa, reunido com eles, discutindo em nossa linguagem sem termos jurídicos e com a manga arregaçada, chegaria, sem dúvida, a uma solução agradável a todos.

Tentaram me dissuadir para evitar, diziam os advogados, que eu me cobrisse de ridículo com proposta tão estapafúrdia. Desconsiderei a recomendação e convoquei os dirigentes sindicais. Vieram (como viriam sempre) presidentes, vices, secretários e tesoureiros. Cinco vezes quatro faziam no mínimo vinte em torno da minha mesa de reuniões. Propus e, é claro, negaram. Discuti com eles dois dias seguidos das 8h da manhã às 9h da noite, dizendo inclusive que o arquivamento do processo não o destruiria. Que se eles não ficassem satisfeitos, desencravariam-no sem problema, (a lei permitia) e incólume. Mas que confiassem em mim, pois eu garantia que eles não se arrependeriam do resultado, inclusive do tratamento salarial que eles reivindicavam.

No segundo dia, o tesoureiro da ex-Sorocabana, Jorge Tiago, perto das 9h da noite diz: "O que o homem está querendo é um voto de confiança. Pois eu dou meu voto de confiança." Os demais acompanharam. E o processo foi arquivado.

A estréia do meu mandato administrativo, convenhamos, fora animada. E os meus quatro anos de Fepasa nunca foram monótonos.

Ao sair da ferrovia, escrevi meu segundo livro de administração, ADMI-NISTRAÇÃO INTEGRADA, cuja segunda parte é um longo relatório de gestão na Fepasa. Em seguida, e para não deixar de fora alguma coisa essencial que mais de vinte anos por certo já deletaram, recorro a alguns trechos – que vão sempre grifados como da forma a seguir – desse livro-relatório escrito com memória fresca.

Salários *Administrada irracionalmente por dentro e submetida a determinações exógenas, emanadas do governo do Estado de São Paulo que só sabia administrar (e mal) o funcionalismo público, dependente de leis, decretos, decisões normativas completamente dissociados da realidade da empresa e formulados por quem desconhecia os princípios mais rudimentares de administração de salários numa organização empresarial a ponto de criar heresias do calibre do "nível universitário", a distribuição de salários, na Fepasa que encontramos, era uma dolorosa aberração.*

Um dia um amigo, diretor de empresa de propriedade do governo me contou que passara a tarde toda com o governador e diversos secretários de Estado tentando resolver o problema dos salários do funcionalismo que os preocupava demais. E que todo aquele *brain pool* de gente inteligente e devotada não conseguira chegar a nenhuma conclusão. Disse a ele que tenho um irmão professor emérito da USP que lecionara nas melhores universidades dos dois lados do Atlântico. Mas que se meu carro quebrasse na rua eu preferiria chamar não ele, mas um mecânico habilitado.

Não preciso dizer que os salários da Fepasa foram sempre administrados por gente importante na ferrovia, principalmente engenheiros, que nunca tinham ouvido falar de administração racional da remuneração.

Quando conseguimos finalmente levantar uma curva e compará-la com o mercado, verificamos que o pessoal não-qualificado (copeiras, contínuos) ganhavam, em média, 52% acima dos níveis de mercado e que os qualificados e altamente qualificados, inclusive engenheiros, 89%, em média, abaixo.

A seguir (voltando ao livro com grifos), notícia não mais que telegráfica de alguns traços de personalidade da empresa, que fui levantando para montar meu plano de gestão.

Perda de identidade *A Fepasa nasceu como uma lei publicada no Diário Oficial, uma razão jurídica, um apelido de crisma da Companhia Paulista de Estradas de Ferro, uma empresa de papel. Sem cor, sem caráter, sem personalidade, sem substância, sem imagem.*

De um dia para o outro (literalmente) os ferroviários deixaram de pertencer à antiga ferrovia de que se orgulhavam (Paulista, Mogiana, Sorocabana, São Paulo–Minas, Araraquara) e passaram a pertencer aos quadros de uma outra que não reconheciam e com que passaram inevitavelmente a antipatizar.

Desorientação A diretoria a que pertenci, orientada por dois grandes administradores especialistas em transporte ferroviário – Walter, presidente, e Oliver, diretor de operações – concentrou-se no desenvolvimento do transporte de cargas que dava lucro e foi aos poucos minimizando *o transporte de passageiros [cartão de visitas da ferrovia, orgulho do ferroviário, que comunicava prestígio e dava enorme prejuízo] por ramais e estações deficitárias demais, inclusive desativando-os.*

O ferroviário viu-se confundido quanto à real vocação da ferrovia em que trabalhava. E desorientou-se.

Líderes malcapacitados *A ferrovia contava com bons técnicos, com excelentes técnicos, com técnicos de excepcional competência técnica. Técnicos ferroviários. Mas não administradores de empresa. Localizada em São Paulo ou descentralizada pelo interior em cargos de chefia, imprimiam à sua administração o cunho particular do seu empirismo administrativo e a marca das suas convicções individuais. Sua chefia era autoritária, coronelesca, paternalista (densamente paternalista), muitas vezes incoerente e arbitrária.*

Polivalência administrativa do engenheiro Tendo sido o real construtor da ferrovia e altamente (com justiça) prestigiado, o engenheiro julgava-se competente para qualquer cargo administrativo ou operacional. Na área de RH, sua administração foi catastrófica.

Influência política *Empresa de propriedade do Governo do Estado, com mais de 20 mil empregados ativos, circundada por mais de 40 mil inativos, espraiada por todo o território do Estado e por mais de uma centena dos seus municípios, a Fepasa era um enorme atrativo às atuações políticas, tanto como potencial eleitoral quanto como porta aberta ao empreguismo.*

Contavam-me os velhos ferroviários que possíveis eleitores entravam nas antigas ferrovias de administração direta aos milhares.

O que esses heróis me combateram, me agrediram verbalmente das suas tribunas e por escrito nas verrinas transformadas em panfletos que distribuíam pela malha ferroviária condenando minha gestão – sem saber do que estavam falando –, o que me aborreceram e me aporrinharam porque eu me recusava a colocar seus protegidos sem nenhuma habilitação, só Deus sabe.

Seus afilhados iam ao Palácio do Governo e de lá telefonavam para funcionários da minha diretoria tentando intranqüilizá-los, dizendo que se cuidassem porque o governador já tinha ordenado minha dispensa.

Pouco se lhes dava o sucesso da ferrovia; entregá-la-iam calmamente à bancarrota numa salva de prata para ver seus interesses atendidos.

E tratavam-se pomposamente por 'nobres'.

E falavam, de boca cheia, em patriotismo.

Finalizando e resumindo: em termos materiais a Fepasa era a expressão dramática de uma decadência, em termos empresariais, uma falência, em termos de ideologia, um vácuo, em termos de relações trabalhistas, um caos, em termos de pessoal, uma infelicidade.

Aí estava o problema. (O problema de recursos humanos da Fepasa era tido, dentro e fora dela, como insolúvel.) Aí estava o desafio.

Tomei posse em abril e só em dezembro apresentei ao presidente da empresa meu Plano de Gestão. Nesse interstício de oito meses – e enquanto ia apagando inúmeras fogueiras que pediam tratamento imediato – para poder administrar conhecendo o que administrava, fiquei trocando idéias com o pessoal que trabalhava comigo para me inteirar da sua habilitação profissional, de seu caráter, suas convicções, suas expectativas, seus critérios administrativos e de relacionamento com os outros. Fiquei viajando pela malha ferroviária, conhecendo e me comunicando com centenas de funcionários de todos os níveis em todas as especialidades. Enfim: conhecendo a Fepasa, para poder administrar seu pessoal da melhor maneira ao alcance da minha competência humana e profissional.

Se os jovens, moços e moças que escolheram RH como área de trabalho me permitirem um conselho, eu diria: conheçam o mais profundamente que puderem a cultura da sua empresa para aplicar ações que não agridam essa cultura.

(No meu livro-relatório, o capítulo VI, que narra o início da minha gestão na Fepasa, intitula-se: Primeiros passos – Conhecer para administrar.)

SALÁRIOS | CONTRATO COLETIVO No meu entendimento com os dirigentes sindicais para arquivar o processo, me comprometi a montar nova estrutura e nova administração de salários num prazo de 18 meses.

Consultando os advogados da minha diretoria, fiquei sabendo que isso só seria possível mediante um contrato coletivo de trabalho avalizado pelos sindicatos da categoria.

Enquanto os advogados estudavam e redigiam cuidadosamente o novo contrato, eu, recrutando um especialista de ótimo nível, comecei a desenhar a estrutura salarial a partir de uma pesquisa de mercado. Tínhamos escolhido, como o mais refinado, o sistema de pontos.

Pouco depois, o diretor de operações me informou que não poderia esperar 18 meses para corrigir o salário do pessoal da sua diretoria em que se concentrava um grande número de engenheiros pessimamente pagos.

Abreviar o prazo de implantação do sistema de pontos, tempo já demais de arrojado, seria humanamente impossível. Decidi então montar a curva salarial primeiramente por escalonamento (*ranking*), de confecção bem mais rápida, e depois afiná-la pelo sistema de pontos quando concluído. (As correções pelo sistema de pontos foram mínimas.)

Prontos o escalonamento e o contrato coletivo, convocamos os líderes sindicais para avalizá-lo, permitindo sua implantação. Os sindicalistas, que já tinham recebido cópias do contrato, para estudá-lo juntamente com seus advogados, e embora vissem que haveria um enorme aumento salarial em que alguns salários, para atingir o nível de mercado, seriam reajustados em até 300% – evidentemente manipulados pela influência da politicalha a que já me referi – recusaram-se terminante e irrevogavelmente a dar o seu "de acordo". Estava criado o impasse.

Meus advogados me informaram que, lastimavelmente, sem o aval dos sindicatos, a implantação da nova curva de salários se tornava impossível. Naquele dia, voltei para casa verdadeiramente sucumbido. Administrar gente ganhando salário vil era mais do que eu podia agüentar. Sem conseguir dormir, fiquei até tarde tentando buscar repouso na suavidade do canto gregoriano.

Já tinha tido um "pega" muito desagradável com um secretário do governador a quem fora apresentar o plano de remuneração. Ele se recusou sequer a levá-lo ao governador, tal era o absurdo do aumento de despesa. Foi inútil tentar convencê-lo de que, com salários reajustados, a eficiência, a eficácia e a produtividade se reduplicariam (como de fato se reduplicaram). Estava irredutível. Dizia que o governador não permitiria.

Mas acontece que eu tinha um chefe imediato, presidente da empresa, e um chefe mediato, secretário dos transportes, administradores de verdade, além de homens moralmente desassombrados, que haviam compreendido na sua integralidade as vantagens de pagar bem. Disse a eles que, sem reajuste de salário, ficaria difícil administrar a Fepasa. E que, reajustados os salários, garantia o aumento de eficiência, eficácia e produtividade. (O que de fato ocorreu.) Eles também acreditavam que "saco vazio não pára de pé". Mandaram tocar em frente, passando por cima do Palácio dos Bandeirantes.

Mas agora, contra sindicatos manipulados por políticos, eu não tinha arma para lutar. Fiquei triste. Mas comecei a pensar: o que é um "contrato coletivo"? O que quer dizer "coletivo"?

Coletivo é o que abrange todos, ou a maioria. Nas "férias coletivas" nem todo mundo sai da empresa. O DICIONÁRIO AURÉLIO ensina que "coletivo – pertencente a, ou utilizado por muitos".

E se, deixando para trás os sindicatos, nós levássemos o contrato a todos os que o aceitassem, mesmo que não chegasse aos 100%? Porque nós já sabíamos previamente que os dirigentes sindicais não o assinariam. Se todos ou se a maioria assinasse individualmente, o individual não se tornaria coletivo? Levei na manhã seguinte a idéia aos meus companheiros de RH. E todos, animados, acharam que valia a pena arriscar.

Redigi um folheto – Conheça o Novo Contrato Coletivo da Fepasa – em que explicava minuciosamente, incluindo gráficos de estrutura e administração salarial, todas as particularidades do novo contrato, informando inclusive que os direitos adquiridos, com exceção da licença-prêmio, não seriam eliminados, mas incluídos no que os advogados chamaram de "salário compreensivo". Ao folheto, para aumentar sua compreensão, anexou-se uma história em quadrinhos que tornava o tema ainda mais compreensível. Ao todo mandei imprimir trinta mil folhetos e trinta mil livretos de quadrinhos.

Com esse material em mãos, convoquei todo o meu *staff*, revi com eles o material a ser divulgado e a melhor maneira de fazê-lo e nos mandamos com entusiasmo para a malha ferroviária. Tocamos em 82 cidades e nos comunicamos diretamente com alguns milhares de ferroviários.

Com a ajuda de Deus, o resultado foi um sucesso. Mais de 90% assinaram o contrato, inclusive os dirigentes sindicais (todos) que, no entanto, continuavam a combatê-lo, manipulados eu já disse por quem.

A alegria minha e do meu pessoal compensou de longe todas as apreensões prévias.

IDEOLOGIA | METODOLOGIA | LIDERANÇA Do livro já mencionado neste capítulo (sempre grifado):

Normalmente os problemas de organização, de reorganização se enfrentam pela via do método. A metodologia racionalizadora tem sido a ferramenta obrigatoriamente consagrada e inevitavelmente procurada para esses casos.

Na Fepasa — um problema gravíssimo de desorganização, de desintegração, de patologia organizacional — eu escolhi, como instrumento básico, a ideologia, utilizando a metodologia como veículo de operacionalização.

A mudança na Fepasa deu-se a partir de uma ideologia voltada para o conceito de que empresa é sociedade e que administrar é administrar gente. De que a chave da eficácia administrativa e portanto da eficácia empresarial, além da imprescindível criação de condições técnicas, ambientais e de remuneração direta e indireta cada vez melhores, reside fundamentalmente na determinação de objetivos orientados para a promoção do homem e a procura do bem-estar social. Porque para ser eficaz é preciso que a empresa se transforme num processo social ajustado, que é razão e fruto da integração e da cooperação dos homens; porque os homens cooperam tanto mais quanto reconhecem no sistema objetivos compatíveis com os seus; porque o denominador comum de homem e sistema — aquilo capaz de interessar solidariamente a todos — é obviamente o bem-estar de todos. Por isso objetivos últimos focalizados em atividades como produzir ou vender veículos, máquinas ou papéis, serviços ou 'pagar dividendo aos seus proprietários' não são integradores porque só interessam aos proprietários ou a seus prepostos diretos, não interessam aos outros homens que também são o sistema e que fazem o sistema produzir. E portanto não contribuem para o ajustamento do sistema, não integram e não fomentam plenamente a cooperação.

A Fepasa precisava mudar, precisava entrar num processo de revitalização que a arrancasse da entropia em que vinha naufragando.

Mais atrás falei em "patologia organizacional". Vou dar um só exemplo. Só e bastante. A infame carta anônima, um dos veículos de agressão mais covardes de que se tem notícia, rolava solta na empresa e era não apenas aceita com naturalidade, mas considerada instrumento eficaz e desejável de informação.

Continuando, com o livro (em grifo):

Chamo atenção:

1. *Precisava mudar seus critérios e para isso necessitava com urgência de uma ideologia orientadora.*

2. *Precisava mudar suas práticas e para isso tornava-se necessário implantar uma metodologia adequada e moderna.*

3. *Precisava de líderes que não fossem apenas chefes para administrar essa mudança.*

Sobre essas três carências construí minhas três congruências de atuação:

1. *Ideologia*

2. *Metodologia*

3. *Liderança*

Devo destacar e salientar que a utilização de uma ideologia orientadora – de uma ideologia de trabalho e de empresa – como o principal recurso mobilizado para provocar mudança e como instrumento inicial de reorganização (e não a abordagem clássica e ortodoxa via metodologia racionalizadora) foi o mais importante fator de revitalização organizacional da Fepasa.

Para divulgar a ideologia e para reorientar, para "formar" a liderança montei um seminário – O HOMEM, A EMPRESA E O MEIO –, em três manhãs consecutivas.

O primeiro seminário, para ter certeza de que meus critérios administrativos seriam aceitos por meus pares e meus superiores, realizei-o num fim de semana, num *resort* em Atibaia, São Paulo, para o presidente da ferrovia, os colegas de diretoria e o secretário de transportes, que convocou os presidentes das demais empresas vinculadas à secretaria.

Como metodologia, além dos métodos racionais que tinha aprendido na Ford, como o de distribuição de salários, pedi ao presidente que reunisse a diretoria para um evento de dia inteiro, num clube de que a Fepasa era associada, e lá, montamos um Plano de Metas com as oito metas prioritárias que orientaram nossa gestão. Esse plano foi divulgado pelas superintendências, que se reuniam semanalmente conosco para acompanhá-los, e pelas divisões subordinadas que com eles e conosco se reuniam mensalmente.

A folha de pagamento foi reajustada. Voltando ao livro: *O aumento da folha combinou-se com a redução planejada do efetivo do pessoal, que, no quatriênio atingiu 4.000 empregados, em números redondos. (Em números médios arredondados do quatriênio, essa redução – de 16% – compõe-se de 20% de demissões e 80% de desligamentos espontâneos, aposentadorias e óbitos. Dos 20% demitidos mais ou menos a metade era formada por maus funcionários de diversos níveis. Corte mesmo, de gente que tinha condições de ficar, andou por volta de 10%.)*

Paralelamente, registrava-se que, do total das despesas operacionais, a parcela referente a pessoal – 68% – não se alterou, apesar da nova estrutura salarial e a despeito do índice de correção de salários ter superado o índice geral de preços em cerca de 1,33%. Na verdade, o montante total despendido com pessoal apresentou um decréscimo real de 0,1%, apesar do crescimento do salário real em decorrência da nova legislação de férias. A produtividade do pessoal – medida em tonelada-quilômetro útil de carga – cresceu 11% no exercício em relação ao anterior e a receita média por empregado aumentou em termos reais 44%, sendo que a despesa operacional média por tonela-da-quilômetro de carga reduziu-se de 2% em relação ao exercício anterior.

No que diz respeito a estatísticas de pessoal, o número de processos trabalhistas em tramitação caiu de 6.700 em janeiro de 1976 (segundo ano da nova diretoria) para 4.800 em dezembro de 1978 e a média mensal de demandas, que era de 89 em 1975, caiu para 37 em 1978. (Muitas dessas demandas eram produzidas por um sem-número de advogados trabalhistas que, na capital e pelo Estado afora, montaram um filão de faturamento chamado pelos ferroviários de "indústria de reclamações".) O coeficiente de freqüência (acidentes do trabalho) que em junho de 1976 chegara a 45 recuou para 29 em dezembro de 1978 e o de gravidade de 15.500 em janeiro de 1976 para oitocentos em dezembro de 1978, ao passo que o salário médio crescia substancialmente em relação ao salário-mínimo.

Creio que não há dúvida: pagar salários vis, sobre não ser justo, é contraproducente.

O presidente da empresa, Walter Bodini, era fundador e secretário-geral honorário permanente da Asociación Latinoamericana de Ferrocarriles (Alaf), com sede em Buenos Aires, que buscava desenvolver políticas ferroviárias comuns aos países-membros. Além da secretaria geral, seus órgãos dirigentes constavam de uma junta consultiva, que se reunia todo mês de março na capital argentina, e de uma assembléia geral, que se reunia todo mês de outubro em um país-membro. Por convite do presidente Bodini, eu representava a Fepasa em ambas.

Isso me deu oportunidade de conhecer países latino-americanos (oito), tratar com executivos das suas ferrovias e de fabricantes de material ferroviário, conhecer seus critérios e métodos administrativos, me encantar no convívio com *los hermanos* de fala castelhana e – parentes históricos próximos que somos, descendentes de gente da mesma península e coetâneos de descobrimento – sentir o extraordinário potencial de entendimento e portanto de cooperação que existe entre nossos países. Encantei-me também com a eficiência dos representantes das ferrovias que, em cinco dias de reuniões da junta consultiva, esgotavam uma pauta volumosa recheada de problemas.

Havia, entre outras na Alaf, uma Comissão de Capacitação Profissional, que trocava experiências sobre treinamento e de que me nomearam presidente. Essa comissão me incumbiu de redigir um documento que expressasse a ideologia de capacitação profissional para toda a América Latina ferroviária. Redigi e, em março de 1978, numa reunião extraordinária na Cidade do México, tive o documento unanimemente aprovado pelos representantes dos países-membros.

Ainda na Fepasa, exerci os cargos de membro do conselho administrativo da Vasp e, a convite do meu saudoso amigo Thomaz, da Secretaria dos Transportes. O que aprendi de administração, nesses anos de ferrovia, não saberia medir.

Tive na ferrovia um dos melhores e mais competentes grupos de trabalho de toda a minha vida de empresa. Na minha diretoria, conheci belos profissionais como os advogados João Paulo Bittencourt (um verdadeiro jurisconsulto), João Carlos Casella e Iraci Arraes Góes, um grande advogado, meu amigo até hoje, profissional a cuja capacidade e sólida competência recorro até o presente para me atender nos casos em que necessito de assistência jurídica.

Conheci grandes especialistas e grandes administradores como o diretor de produção Oliver de Lima (que tempos depois foi presidente da empresa) e o presidente Walter Bodini, que sempre me prestigiou, foi sempre solidário comigo nas dificuldades da minha diretoria e com quem formei uma sólida amizade que permanece *et nunc et semper.*

Quanto ao ferroviário, volto ao livro:

O ferroviário é simpático, gentil, altivo; gosta de um relacionamento puxado um pouco para o formal, para o pomposo, às vezes saborosamente anacrônico como na predileção pelos pronomes de tratamento sonoros tipo Vossa Senhoria e Vossa Excelência. Por não ter sido profundamente contaminado pelo metodologismo exaustivo e pelo organizacionismo voraz que destroem o genuíno e o espontâneo em outras empresas, comunica-se de maneira mais afetuosa, mais calorosa, buscando imagens tiradas da pureza da sua formação predominantemente interiorana, apesar da sua permanência nas grandes cidades.

A Fepasa foi o maior e o mais belo desafio administrativo que encontrei na minha vida profissional. Às vezes, diante dos seus problemas *soi-disant* insolúveis, eu era tomado de uma grande alegria, alegria que conservei durante meus quatro anos de mandato. Alguns amigos, maliciosamente, diziam que eu era a encarnação da piada da hiena. E na Fepasa consolidei minha admiração pela empresa em geral como sistema social especialíssimo sobre ser (ou poder ser) a maior amadurecedora de personalidade de que tenho notícia, bem como de união, de cooperação e de harmonia entre os homens e, ainda mais, o maior potencial de solidariedade social que existe.

ADMINISTRAÇÃO DE EMPRESAS Aprendi muito na Fepasa. Aperfeiçoei muito minha visão do que é administração no seu fundamental. Graças ao apoio e ao desassombro do meu chefe imediato Bodini e mediato Thomaz Magalhães, pude exercer minhas responsabilidades com toda a liberdade de ação e criatividade.

Já tinha tido uma grande imersão na cultura da empresa brasileira e, primordial, na cultura do *empregado* brasileiro nos meus dez anos de tecelagem no interior, observando a administração a partir da base da pirâmide. Essa longa imersão no paternalismo administrativo patrício recebeu, durante 12 anos, o banho do pragmatismo norte-americano na Ford.

Agora estava tendo a oportunidade de observar nossa administração a partir do topo da pirâmide. Utilizei em profusão o metodologismo que aprendi na Ford, mas apliquei-o sem desrespeitar a cultura de uma empresa brasileira e da microcultura ferroviária que tanto me encantou. Para isso, como dito anteriormente, fiquei estudando a ferrovia – inclusive na sua história geral, no seu contributo ao desenvolvimento da economia do Estado e do País – durante oito meses e só então apresentei ao presidente e à diretoria meu plano de gestão montado num trabalho conjunto com o meu pessoal.

A administração de empresas costuma ser compreendida como a organização e implantação de técnicas e métodos que favoreçam o cumprimento dos objetivos e metas de responsabilidade do componente administrado. Num manual americano, li que o que caracteriza uma administração é o seguinte: o âmbito de responsabilidade, os limites da autoridade e o dever de prestação de contas. As linhas formais de comunicação são dadas pelo desenho do organograma. É assim que o americano administra, com um grande apego à norma, ao desempenho *by the book*.

No caso de uma administração de RH, o principal seria a correta organização e utilização dos melhores métodos de recrutamento, seleção, salários, treinamento, benefícios etc. etc., de tudo o que cai sob a responsabilidade do RH número um.

Tudo isso é, de fato, importante. Tudo isso é imprescindível. Sem uma boa organização, sem bons métodos administrativos não se administra nada com eficácia.

Mas tudo isso representa os andaimes que circundam e levam os materiais necessários a uma construção infinitamente maior e mais importante:

a administração de empresas no seu essencial, um problema muito acima dos métodos, um problema social de interação sistêmica de seres humanos, organizada e orientada.

Uma das possíveis raízes etimológicas do verbo administrar é, do latim, *ministrare*, ministrar, que quer dizer também servir. Esse significado nos aproxima bastante da realidade da administração. Porque a administração é mesmo um serviço. Um serviço que se presta a uma comunidade e, portanto, um serviço prestado primordialmente ao social. Poucas responsabilidades são mais graves do que o serviço que se oferece à comunidade de que se faz parte.

Na Fepasa, uma comunidade de mais de 25 mil seres humanos, a noção de responsabilidade sobre esse grupo que direta e indiretamente representava cerca de cem mil, me tocou muito de perto. Eu não estava apenas vendo, estava *sentindo*, mais do que isso estava vivendo a administração de uma grande empresa, os costumes, o folclore, as esperanças, alegrias e frustrações de um grande grupo social, seu modo de ser e de se manifestar, sua personalidade, e podendo exercer meu mandato praticamente com carta branca. Eu estava fazendo parte de um segmento de sociedade cuja vida, com minhas medidas administrativas, podia influenciar.

A par disso, eu tinha toda minha diretoria trabalhando comigo num esforço cooperativo altamente produtivo. A mim me tocava principalmente a orientação − a responsabilidade última, essa intransferível e, principalmente, a liderança, essa, indivisível.

A Fepasa deixou bem claro que a administração de empresas não é uma atividade que atinge as pessoas empregadas somente durante o tempo em que estão no trabalho. Vai muito além. Influencia ou pode influenciar profundamente as pessoas sobre as quais opera no seu desempenho social como um todo. Pode mudar seus critérios, suas convicções, sua visão de mundo, seus padrões de inter-relacionamento, sua sociabilidade na empresa e fora dela, tudo isso sob a influência dos critérios, da ideologia, das práticas e da conduta da administração em que se incorporam. Pode fazer desabrochar sentimentos muito altos de solidariedade, de companheirismo, de amor.

Tudo isso presenciei e vivi na Fepasa. Foi por causa disso tudo que, para administrar o pessoal da ferrovia, o principal instrumento a que recorri foi a ideologia, uma ideologia baseada no incondicional respeito ao fundamental das relações humanas e não apenas no técnico e no metodológico. E vi pessoas antes tristes e desanimadas, mudando, se comprometendo de corpo e alma com o trabalho, gostando de trabalhar e trabalhando com eficiência, sentindo-se promovidas como funcionários e como seres humanos.

Em LE CHEF D'ENTREPRISE dizem Martin e Simon que "não há problema mais importante para o futuro da civilização que o da evolução do empresário e da empresa". Isso foi afirmado pela sensibilidade e o descortino de dois empresários franceses há mais de sessenta anos. E continua sendo a mais pura verdade.

Anos atrás escrevi que desconheço, na sociedade moderna, função mais nobre e mais fecunda do que a do dirigente empresarial que compreende a missão social da empresa e que exerce seu mandato visando à promoção e não à degradação do homem. E cada vez mais me convenço dessa afirmação.

Na Fepasa tive oportunidade de viver administração de empresa em toda plenitude e de conhecer sua extraordinária força. De participar de um grupo dirigente que a arrancou de uma situação pré-falimentar para colocá-la na trilha da saúde econômica. De sentir na pele a influência e a importância social de uma administração bem-orientada, ou seja, de vivenciar o essencial da administração que é, promovendo o econômico, promover também e conjuntamente o humano ao mesmo tempo em que contribui para o bem-estar de uma comunidade. De criar condições para que as pessoas encontrem o caminho da auto-realização. Como disse um brasileiro ilustre, "ainda não se inventou nada mais eficiente no mundo do que o homem livre em busca dos seus ideais de auto-realização". E a empresa, quer dizer, o trabalho é o grande veículo capaz de conduzir um homem à conquista dos seus ideais de auto-realização.

Tive enorme prazer e orgulho de poder colaborar com a administração que reergueu uma grande empresa brasileira incumbida de fazer circular as riquezas da terra e da indústria do Estado de São Paulo. Eu me senti bem como administrador e como brasileiro. E me lembrando da minha primeira entrevista com Thomaz Magalhães, penso que poderia dizer-lhe alegremente que respondi "sim" (pela segunda vez...) quando o País me convocou para seu serviço.

CAPÍTULO 9 | **CONSULTOR DE NOVO**
*O mundo está se tornando uma gigantesca rede de troca
de informações.* | **Lucia Santaella**

BMS CONSULTORES Na Assembléia Geral de outubro de 1977 no
Equador, na bela Quito, admirável cidade-museu colonial, no intervalo do
almoço descansávamos Bodini e eu à beira da piscina, quando lá pelas tantas nos perguntamos o que um e outro iriam fazer em março de 1979,
findo nosso mandato na Fepasa. Conversa vai, conversa vem, como tínhamos, no passado, sido ambos consultores, combinamos unir as experiências num escritório em que ele faria engenharia e economia do transporte
ferroviário e multimodal e eu, RH direcionado à integração organizacional
com ênfase em gestão participativa. Estava nascendo a BMS.

Dando adeus à Fepasa, (anos mais tarde Walter voltaria como presidente), montamos nosso escritório num prédio da Avenida Paulista, em
espaço econômico mas confortável.

E começamos a trabalhar numa combinação de sociedade e de negócio
pouco ortodoxa mas muito funcional. Organizamo-nos em dois módulos,
cada um na sua especialidade. A contabilidade da empresa era, é claro, uma
só, mas o faturamento de cada módulo era da conta de cada um. Fomos,
graças a Deus, bem-sucedidos nos dois módulos.

Meu primeiro contrato, iniciado em junho de 1979, foi com a Klabin
do Paraná, na fábrica de papel e celulose em Telêmaco Borba naquele Estado,
e durou quarenta meses.

109

Meu último contrato, com a Autolatina (uma fusão Ford-Volkswagen), durou cinco anos, de 1989 a 1994.

Entre esses dois compromissos tive como clientes Ceagesp, Semco, Dersa, Metal Leve, Tubozin, SKF, Jaakko Pöyry, Black&Decker, IRF Matarazzo, Ideal Standard, Sadia, Klabin Cerâmica (no Rio de Janeiro), o jornal O Estado de S. Paulo (colaborando com o módulo do Bodini, titular do contrato) em Jaguariaíva no Paraná.

Na maioria desses contratos, implantei um processo de integração de todo o pessoal, da diretoria ao chão da fábrica, na elaboração e no acompanhamento do planejamento estratégico da empresa. A esse processo chamei de integração organizacional. Ele vem descrito, juntamente com o currículo de um seminário que esclarece os motivos e o método de implantação, num terceiro livro: INTEGRAÇÃO ORGANIZACIONAL – O CAMINHO NATURAL PARA A ADMINISTRAÇÃO PARTICIPATIVA.

Por essa época, tive um contrato interessantíssimo, de seis meses, numa empresa agroindustrial (soja, cana e usina de açúcar) ao norte do Pantanal de Mato Grosso. Nessa fazenda-indústria, trabalhavam, no corte de cana, quatrocentos índios – terenas, borôros e guaicurus. Todo dia uma traquitana levava tererê (mate frio) para eles, no eito. Um dia a traquitana quebrou e o tererê não chegou. Os índios largaram as ferramentas e voltaram sem bulha para seu acampamento à beira de um ribeirão (onde se banhavam diariamente, à velha moda dos nossos ancestrais não-portugueses). "Não tem tererê, índio não trabalha." (Acho que sou o único RH a se ver envolvido numa greve de índio.) Aliás, a greve mais pacífica e bem-comportada que presenciei. A traquitana foi consertada, o tererê chegou e os índios voltaram tranqüilamente ao trabalho.

Em 1994, tendo como único cliente a Autolatina, não precisando mais do apoio volumoso do escritório da BMS, e já com vontade de me aposentar (para tratar de um velho sonho de que se falará a seguir), desliguei-me dela e, associado à minha filha Fernanda, fundamos a M&S que durou até o término do contrato com a Autolatina.

Na BMS, dei, anualmente, ao pessoal que trabalhava comigo, uma "bonificação sobre os resultados". (Não quis chamar de "participação nos lucros" para impedir que os funcionários imaginassem mais do que a realidade permitiria, como vira em mais de uma empresa que chamava de participação um salário ou um salário e meio no fim do ano, o que, a meu ver, não era mais do que um décimo quarto.)

Meu pessoal recebia a bonificação na razão inversa do salário mensal. Lembro-me de um ano em que a recepcionista – menor salário da empresa – recebeu, além do décimo terceiro de lei, sete salários a mais. (E ficou contente.) A BMS, pilotada por Bodini, continua próspera até hoje.

CAPÍTULO 10 | **I HAVE A DREAM**

Sem utopia não há progresso. | **Michel Serres**

UM SONHO ANTIGO Páginas atrás, citando um trecho do meu livro-relatório, dizia:

A mudança na Fepasa deu-se a partir de uma ideologia voltada para o conceito de que empresa é sociedade e que administrar é administrar gente. [...] a chave da eficácia administrativa e portanto da eficácia empresarial [...] reside fundamentalmente na determinação de objetivos orientados para a promoção do homem e a procura do bem-estar social [...] porque o denominador comum de homem e sistema — aquilo capaz de interessar solidariamente a todos — é obviamente o bem-estar de todos.

Na conclusão do livro encontra-se:

Desgraçadamente, toda vez que a coisa se torna importante demais, o homem se torna importante de menos. Se ela (a empresa) quiser (ou melhor quando quiser) assumir o seu dever mais alto face a um mundo que tanto influencia, se quiser enfrentar corajosamente a responsabilidade social que esse mundo lhe outorga, sua atuação no ajustamento da sociedade que a faz viver e na promoção do homem que a criou e que alimenta o seu sucesso, poderia mudar a face da História.

E, analisando o conflito, a última frase do livro: "É do conflito entre o *homem e a empresa, energizado pela inesgotável potência da cooperação que surgirá um dia, se ela quiser, uma nova sociedade.*" Escrito por volta de 1980.

Dez anos antes, em 1970, no já citado DESENVOLVIMENTO DE LIDERANÇA NA EMPRESA, eu dizia:

... é necessário que o homem encontre oportunidade de influir, não necessariamente na forma, na cor ou no funcionamento do artefato, mas no processo administrativo ou operacional de que participe. Exercendo sua criatividade, aplicando suas habilidades e seu talento, e incorporando-os no processo, na parte do processo que depende dele, organizando seu próprio trabalho, ajudando a determinar os melhores métodos de produção, aplicando suas idéias na melhoria e melhorando a qualidade por sua própria iniciativa, opinando sobre inovações, aceitando ou rejeitando novas exigências, gerando racionalização e economia e resolvendo sobre a transformação de parte dessa economia em salário e benefícios, trabalhando em equipe, ouvindo e sendo ouvido, deliberando sobre atos administrativos de seu âmbito de responsabilidade, acompanhando a evolução do negócio e entendendo os ritmos de produção, participando de debates, não em reuniões em que se discutem problemas que não entende e onde outros de especialização diversa podem cooperar, mas de debates de temas e decisões a que possa levar a contribuição da sua experiência, do seu interesse e da sua maturidade, discutindo, decidindo e ajudando a escolher — ratificando, coonestando, comprometendo-se, corresponsabilizando-se ao escolher, à base de consenso, o que julga melhor para si sendo melhor para o grupo, para a subsociedade empresarial de que é uma célula viva, ativa e organicamente integrada, para saber e mostrar que é um homem e um cidadão antes de ser empregado e detalhe de organograma; conquistando a liberdade de que necessita para sentir e fazer sentida, em toda a plenitude, a sua insuperável dignidade de: — ser.

Como se vê, essa ideologia de humanização das relações de trabalho me vem de longe. E a solução pela administração participativa também.

Deve ter sido por volta dos meados da década de 1950 — quando li o livro de Brown, THE SOCIAL PSYCHOLOGY OF INDUSTRY — que começou a nascer em mim a idéia de estudar em profundidade as relações humanas no trabalho, idéia que pouco a pouco foi evoluindo para chegar a, um dia muito mais tarde, montar um centro de estudos do tema.

Em alguma altura dos fins da década de 1960 ou início da de 1970, lendo os bons autores e vivendo administração, encontrando na empresa um sistema social peculiar (visto de fora como um grande aparato mecânico onde rodam engrenagens e se fabricam coisas para que os donos fiquem ricos e os empregados ganhem seu sustento), fui pouco a pouco descobrindo que a empresa, no seu essencial é, como formulei mais tarde, uma combinação dos relacionamentos de seres humanos que procuram, no trabalho, os caminhos da auto-realização.

COMPATIBILIZAR OBJETIVOS Em algum dos meus autores preferidos, encontrei formulada a idéia de que, para criar um "clima organizacional" positivo e cumprir com sua responsabilidade social, a empresa deveria compatibilizar seus objetivos com os objetivos do homem que nela trabalha. Lembra-me ainda a dúvida de uma das minhas colaboradoras, Marly, supervisora de treinamento: "Você acha que é possível compatibilizar meus objetivos com os do Henry Ford II?" Essa pergunta me deu o que pensar.

Lá pelas tantas devo ter me lembrado da fábrica do interior, da admiração do Mário Ragazzini, lubrificador de teares e pandeirista de Os Bambas – que morava nos fundos da casa do sogro – pela singela casa do Chiquinho, tecelão e violão do mesmo conjunto: "O Chiquinho tem sua casinha, sua radiovitrola, isso é que é felicidade!"

Por aquela época, li um livro extraordinário e terrível chamado QUARTO DE DESPEJO de uma pobre favelada, Carolina Maria de Jesus. Sua vida miserável consistia em catar papel, vender e ganhar uns trocados para comprar comida para a filha criança. Morava num barraco de retalhos de madeira e papelão e se referia com admiração a outras faveladas que ela chamava de "as da alvenaria", que moravam em casas de tijolos. Tinha esperança de um dia chegar até lá.

Na época, já lera MOTIVATION AND PERSONALITY do psicólogo Abraham Maslow e me inteirara da sua "hierarquia das preponderâncias" em que organiza (não foi ele quem descobriu a "hierarquia"), numa pirâmide de aspirações crescentes, as necessidades físicas, psicológicas e sociais dos seres humanos. E explica que nós, todos nós, partimos das necessidades biogênicas e caminhamos rumo à satisfação da necessidade de auto-realização.

Para o Mário, a esperança era a singela "casinha" do Chiquinho; para Carolina, a "alvenaria"; para o Ford número dois, um palácio. Para todos: o abrigo.

"Compatibilizar objetivos" quer dizer que a empresa tem por obrigação criar condições para que os homens, muito além de suprir suas necessidades biogênicas, possam se sentir seguros, possam participar, sentir que fazem parte de um todo-empresa e que não são apenas número de chapa, parcela de contabilidade de custo ou detalhe de organograma, se sintam reconhecidos e que encontrem, no trabalho, as veredas de sua auto-realização. Aliás, não sei se fora do trabalho o homem consegue se auto-realizar.

Tanto na Ford quanto na Fepasa, conversava muito com os colegas de trabalho sobre o significado não apenas econômico mas socioeconômico da empresa, mas foi só no início de 1979, quando me engajei no meu próprio negócio – a BMS – é que tive tempo e oportunidade para tentar "vender" a idéia. Em 1995, encerrei minhas atividades de consultor e portanto minha vida profissional remunerada e me dediquei integralmente ao projeto do Centro de Estudos, que rebatizara, na minha cabeça, de instituto. Em 1997, tive a primeira possibilidade de encontrar um parceiro e patrocinador para o projeto.

NARIZ NA PORTA Nesse interstício de 18 anos, procurei muita gente, falei com diversos grupos e outras tantas associações (cheguei até a me filiar a uma delas), procurei institutos, fundações e federações, levei a idéia a empresários, empresas públicas e privadas, ao governo do Estado, fiz palestras e publiquei artigos sobre o assunto, redigi um folheto justificando o instituto. E adquiri uma longa coleção de negativas. Alguns não tinham paciência nem de tomar conhecimento. (Ou de me receber.) Se "bater com o nariz na porta" fosse uma realidade e não uma metáfora, eu não teria mais nariz. Estava difícil. Muito difícil. Mas eu não sou nem nunca fui de jogar a toalha. Toquei em frente.

No início de 1997, me lembrei do meu velho amigo Moura, companheiro de trabalho na Ford em São Bernardo e então vice-presidente da Xerox no Rio de Janeiro.

Em março voei para o Rio, e o Moura, que sempre compartilha comigo das mesmas idéias sobre os recursos humanos no trabalho, aderiu imediata e alegremente. As perspectivas tornaram-se boas.

A idéia (ou o sonho) de um centro de estudos sérios das relações humanas no trabalho, que tanta falta faz ao Brasil, deve ter seu embrião pelos fins de 1960 e início de 1970 quando li THE HUMAN SIDE OF ENTERPRISE de Douglas McGregor. Nesse livro fiquei sabendo que McGregor era patrocinado pela Alfred P. Sloan Foundation quando desenvolveu seus estudos que o levaram a formular as teorias sobre as "convicções subjacentes" que orientam o comportamento dos dirigentes de empresa em relação aos seus subordinados. Devo ter ficado pensando que se nós tivéssemos também um instituto que patrocinasse estudos sobre o trabalhador brasileiro de todos os níveis, também formularíamos nossas teorias, compatíveis com a nossa cultura tupiniquim e abandonaríamos a detestável mania de adotar subservientemente os enlatados que nos chegam envoltos pelo celofane colorido do *marketing*, pacotes de quinta categoria que abastardam o pensamento de cientistas do comportamento que deveríamos somente estudar no original.

Voltando ao Rio de Janeiro: por uma feliz coincidência, o Moura estava desenvolvendo para a Xerox um centro, ou melhor um Fórum Permanente, de desenvolvimento de executivos, de modo que o projeto do instituto se encaixaria, nas suas palavras, "como uma luva". Durante 1997 nos comunicamos pessoalmente, no Rio e em São Paulo, e também por correspondência. Foi por essa época que minha filha Marta, que insistia em que eu começasse a me familiarizar com o computador (eu me correspondia vergonhosamente via fax com papéis escritos à mão!) ouvindo que eu não deixaria a microeletrônica entrar em casa *ni muerto*, irrompeu pela minha sala com um computador num carrinho de feira. E me fez mergulhar no universo da cibernética de que eu iria tanto falar e tanto utilizar.

O Moura se aposentaria em dezembro de modo que, em janeiro de 1998, iniciaríamos os trabalhos. Mas aí, a Xerox mudou de presidente internacional e o projeto do Fórum, como se diz em linguagem vulgar, "entrou pelo cano". Novamente na estaca zero.

Em maio de 1998, era secretário do trabalho em São Paulo meu amigo José Luiz Ricca, um daqueles amigos que fiz nos meus seminários da ADCE de que já falei. Fui cumprimentá-lo e, *en passant*, levei o projeto do instituto, que depois do Moura passara a Fórum Permanente. E, com a ajuda de Deus, o projeto finalmente pôs o pé na estrada.

O COMEÇO DA JORNADA O Ricca me apresentou ao Conselho Regional de Administração (CRA) de São Paulo de que seu presidente, Roberto Carvalho Cardoso, me abriu as portas de par em par.

Como se verá no capítulo seguinte, com alguns conselheiros do CRA, decidimos que as atividades deveriam começar por consulta a quem estava mais perto da administração das relações de trabalho, ou seja, os executivos de RH.

As entrevistas ficaram sob minha responsabilidade. Por telefone, fiz mais de cem chamadas pedindo entrevistas. Consegui quarenta. O curioso é que ninguém dizia que não estava a fim de se avistar comigo ou que não acreditava no meu trabalho, ou que tinha preocupações mais urgentes. Pura e simplesmente não davam satisfação.

Feitas as quarenta entrevistas com diretores e vice-presidentes de RH, pedi para renová-las com o pessoal da base da pirâmide para comparar com as dos executivos. Só consegui uma.

Nessa aventura, eu, que durante anos estudei (e continuo estudando) a personalidade dos trabalhadores brasileiros de todos os níveis de organograma, chegando mesmo a publicar meus achados num terceiro livro de administração, pude arrolar mais um traço peculiar dos nossos executivos: ao lado de gente a mais cordial do mundo, encontrei um grande número (a maioria) de pessoas extraordinariamente sem educação. Digo isso por pura constatação e sem nenhum amargor. Apesar dos percalços, meu projeto navegou de vento em popa até o fim, até onde minha competência/incompetência, minha idade avançada e minha saúde puderam levá-lo.

Como diz o bardo, "Tudo é bom quando termina bem". Mas que a empresa, brasileira ou múlti, está cheia de executivos grossos e mal-educados ou de todo sem educação e sem respeito, isso está.

Os resultados dessa pesquisa, alguns dos quais vão relatados mais adiante, levaram a arrolar, resumidamente, cinco tendências principais dos administradores de RH que apresento a seguir acompanhadas, cada uma, de uma frase sintomática colhida nas entrevistas.

1. Tendência a privilegiar a coisa – "O RH deve preocupar-se mais com os resultados da empresa do que com o discurso humanista."

2. Tendência a privilegiar o humano – "O RH deverá perseverar [...] no fundamental da sua missão, que encontra, no homem, o objetivo maior."

3. Tendência a relocar rotinas – "As rotinas de pessoal serão colocadas no seu devido lugar, perdendo o relevo que têm hoje."

4. Tendência ao espraiamento – "A missão do RH tenderá a ser realizada não somente pelo grupo de relações humanas, mas também pelos demais gestores que, todos, também dirigem gente."

5. Tendência ao estudo das relações humanas – "A administração de RH exigirá abordagem mais científica e menos empírica."

Apesar de todos os pesares, fiquei gratamente surpreso com o nível de instrução desses moços e moças que entrevistei, com admirável escolaridade adquirida aqui e às vezes nas melhores escolas do exterior (tão diferente dos níveis tão reduzidos de instrução formal de gente do início da minha vida profissional, inclusive eu). Encontrei muitos executivos genuinamente interessados no bem-estar do homem e no seu ajustamento social. Tenho certeza de que essas moças e esses rapazes tão instruídos serão capazes de enfrentar com êxito os desafios que a Revolução Informacional está trazendo e de que começaremos a falar logo a seguir. Todos os quarenta que me receberam foram de uma cortesia impecável nas entrevistas que, às vezes, de tão agradáveis duravam duas horas e mais. (É bom demais falar com oficiais do mesmo ofício.) Foi durante essas entrevistas que um projeto, o projeto da Empresa Solidária de que se falará a seguir, tomou forma.

CAPÍTULO 11 | **UM FOLHETO**

A natureza do homem é boa. Guiada pelos bons
sentimentos, a natureza do homem será sempre boa e
tão naturalmente boa quanto a água que, naturalmente,
flui pelo declive. | Meng Tzê

A seguir transcrevo o texto de um folheto redigido por mim e diagramado e editado por minha filha Suzana em 2001, que conta a história da operacionalização de uma idéia, a idéia da empresa solidária.

ORIGENS

Um mar de mudanças de grandes proporções vem ocorrendo no sistema social e histórico que
forma o mundo moderno. | **Arrighi e Silver** | **1999**

Tudo leva a crer que estamos entrando numa época de grande revolução da espécie humana.

| **Condorcet** | **1793**

Em janeiro e fevereiro de 2000, José Ricca, Alberto Perazzo e eu nos reuníamos para trocar idéias, compartir apreensões e inquietudes sobre os rumos da empresa brasileira e da sua administração, na entrada do terceiro milênio. E sobre quais seriam seus impactos sobre os homens e mulheres que trabalham, em todos os setores e em todos os níveis da sociedade.

Conversávamos sobre o período de mudanças socioeconômicas que o mundo civilizado está atravessando. Inevitavelmente, comparávamos o momento histórico atual com a grande mudança que se caracterizou mais conspicuamente pelos meados do século XVIII (século de Condorcet): a passagem de uma sociedade preponderantemente agrária para uma sociedade preponderantemente industrial – com profundas conseqüências sociais – que se convencionou chamar de Revolução Industrial.

Concordávamos com que, paralelamente, nós estávamos, nos nossos dias, tendo o privilégio de vivenciar outra mudança não menos importante: a passagem de uma sociedade preponderantemente industrial para uma sociedade em que predomina o setor terciário, passagem gradual de uma sociedade manufatureira para uma sociedade de serviços, freqüentemente chamada de "sociedade pós-industrial" que acarretaria, também e sem dúvida, profundas mudanças sociais. Esse novo momento histórico certamente consolidaria uma nova divisão de trabalho, com centralização do capital de inteligência, do multimilionário patrimônio high-tech nos países centrais e transferência para os demais, inclusive o nosso, das indústrias trabalho-intensivas (e poluidoras), mantendo-nos nas sombras da periferia econômica de sempre.

Perguntávamo-nos quais seriam as conseqüências num dos mais importantes segmentos da sociedade: o segmento da população ativa, especialmente do universo dos homens e das mulheres que trabalham formalmente nas empresas públicas e privadas, dos trabalhadores informais e também do universo dos que, na "nova economia" como está sendo chamada, estão sendo socialmente excluídos desse universo para cair Deus sabe onde.

E nos perguntávamos se, motivados pelas nossas responsabilidades de cidadãos, encontraríamos alguma forma, alguma maneira de, na medida das nossas forças, influir nos rumos que a empresa brasileira e sua administração estavam tomando. Estava nascendo o FRH – Fórum Permanente de Estudos Avançados das Relações Humanas no Trabalho.

Em maio de 1998, eu levara a José Luiz Ricca, então secretário do Emprego e das Relações de Trabalho do Estado de São Paulo, num pequeno folheto, o projeto do Fórum. Ele compreendeu imediatamente o alcance, a profundidade e a importância da iniciativa e se propôs a criar condições para que ela se viabilizasse. E com isso tornou-se a pedra angular sobre a qual seria construída toda a operacionalização da idéia.

Ricca me recomendou e me apresentou ao Conselho Regional de Administração de São Paulo.

Os conselheiros do CRA e especialmente seu presidente Roberto Carvalho Cardoso me franquearam as suas belas instalações na rua Estados Unidos e, ainda mais, permitiram que me apresentasse em seu nome.

Cinco voluntários se dispuseram a colaborar comigo de modo que montamos um grupo a que demos o nome de Grupo de Estudos Avançados das Relações Humanas no Trabalho (Geart). Desde a primeira reunião, decidimos que o aconselhável seria começar por fazer uma investigação sobre as condições atuais das relações de trabalho no Brasil, por meio de entrevistas com especialistas de RH. O grupo completo durou poucas reuniões. Um a um seus participantes foram se afastando até que fiquei apenas eu, o que não prejudicou a realização do trabalho porque era mesmo conveniente que eu pessoalmente fizesse todas as entrevistas para não perder uma boa visão de conjunto.

Durante todo o segundo semestre de 1998, entrevistei quarenta executivos de RH, consultores e professores universitários da especialidade.

Os resultados foram publicados pela editora Edicta em junho de 1999 com o título O FUTURO DA ADMINISTRAÇÃO DE RECURSOS HUMANOS NO BRASIL levando, como subtítulo, *... e a história da coisificação das relações humanas no trabalho.*

A pesquisa provocou, como uma de suas conseqüências, perplexidade diante de um grande paradoxo, de uma grande contradição. Porque, de um lado via-se uma empresa progredindo para um inter-relacionamento humano cada vez mais participativo, o que se podia constatar pela proliferação de programas de participação nos resultados em diversas modalidades (inclusive a MP 794), pelo progressivo alargamento dos canais de comunicação horizontais e verticais e, principalmente e muito importante, pela abertura à participação do pessoal, inclusive a base da pirâmide, na preparação dos instrumentos de gestão a serem reunidos no documento final do planejamento estratégico. Essa iniciativa resulta na divulgação de uma radiografia da empresa que pode e deve progredir para uma transparência total, tão necessária a uma administração de fato participativa. Todas essas medidas apontam claramente para o incremento da participação e portanto a humanização das relações de trabalho.

E foi aqui que se evidenciou o grande paradoxo, a enorme contradição.

Porque, a toda essa ação humanizadora, corresponde uma reação contrária poderosa e dominante: uma diametralmente oposta tendência à coisificação das relações de trabalho. Tendência, aliás, que prepondera na empresa de hoje. (E na empresa de todos os tempos.)

Chamo de coisificação o tratamento privilegiado que a empresa dispensa à coisa situando o seu valor acima do valor do homem, esse homem considerado e tratado como o "fator de produção" mais imediatamente descartável e portanto menos valioso que a coisa, seja essa coisa produto, processo, produtividade, máquina, equipamento, dividendo, lucro, produção, técnica, tecnologia, dinheiro vivo, penetração e participação no mercado, competitividade, TPM, reengenharia, *downsizing* ou o que quer que seja. Tudo isso, todas essas coisas são, na sociedade empresarial mais valorizadas que o homem, o que não é bom para o homem, para a sociedade e que portanto, no longo curso, *não pode ser bom para a empresa também.*

É claro que essas coisas fazem parte da cultura e da própria vida das empresas. Portanto apresentam um lado positivo. Mas positivo somente até o ponto em que passam a agredir o humano, a esgarçar o tecido social. Elas são boas, mas não haja o que houver, custe o que custar, prejudiquem a quem prejudicar.

Um aspecto grave dessa coisificação é que ela é assumida e propugnada por uma grande parte dos administradores de pessoal, por alguns dos mais influentes executivos de RH. Possivelmente pela maioria. Essa postura se evidenciou, na pesquisa de 1998, publicada em O FUTURO DA ADMINIS-TRAÇÃO DE RECURSOS HUMANOS NO BRASIL pela quantidade de executivos de RH que afirmavam que... *a função dos recursos humanos deverá ser a de agregar valor aos produtos da empresa.* Mesmo que para isso se recorra às demissões em massa, mesmo que essas demissões signifiquem o desemprego de milhares e o superacúmulo de tarefas sobre o pessoal restante.

Quer dizer que a função maior do RH não é mais a saúde do clima organizacional, o bem-estar da microssociedade-empresa, não é mais a promoção do homem. É a promoção da coisa.

Parece que não logram perceber que a coisificação das relações humanas – o valor da coisa colocado acima do valor do homem – é uma das maiores tragédias sociais de toda a história da humanidade.

Nesse mesmo livro, eu comentava, procurando delinear os rumos da administração de RH numa "terceira fase", a fase do futuro dessa administração:

... possa finalmente voltar-se [o profissional de RH] para a cultura do homem que administra, administrando-o de acordo com suas atitudes, expectativas e interesses intimamente solidários – a ponto de se confundirem com – atitudes, expectativas e interesses da empresa; possa voltar-se para a construção de uma empresa solidária com os problemas que provoca na e recebe da sociedade em que está inserida.

É para essa terceira fase que os profissionais de RH devem preparar-se – fase da Empresa Solidária – que transformará a empresa do futuro numa grande parceria com propósitos comuns.

É importante ter em mente que "solidariedade" não significa apenas um pacto de coesão entre pessoas e grupos ou política administrativa de alguma empresa. "Solidariedade" deve ser entendida não como um artificialismo arbitrário ou mera gratuidade, mas como o cimento que mantém a humanidade unida apesar de tantas rupturas. As sociedades são constituídas por indivíduos interdependentes. (Diz Kurt Lewin, pai da psicologia social, que "a interdependência é a essência do social".) Interdependentes a ponto de não chegarem sequer a ser (humanos) sem correspondência com os demais. Para o filósofo idealista francês Léon Brunschvicg, "o eu se conquista na reciprocidade". Daí é tranqüilo concluir que empresa solidária não quer dizer constrangimento ou alguma forma de violência, mas, pelo contrário, significa organização sistêmica inter-humana, significa todo orgânico e portanto tão natural quanto a própria sociedade de que faz parte.

Mas é preciso saber que a solidariedade de um grupo qualquer não surge necessariamente de maneira espontânea e gratuita. Por isso é necessário criar veículos capazes de estimular o processo. O veículo que a experiência nos ensinou como um dos mais eficazes é, para a empresa, o gradual aprofundamento da administração participativa.

No segundo semestre de 1999, levei ao Ricca um pré-projeto daquilo que vinha agora chamando de empresa solidária. Com plena adesão de Ricca à idéia, começamos a estudar maneiras de iniciar sua viabilização. Em novembro de 1999, numa reunião da Fundação Instituto de Desenvolvimento Empresarial e Social (Fides), falei a respeito do projeto e chamei a atenção, ou melhor, o projeto chamou a atenção de Alberto Augusto Perazzo, que me convidou a passar por seu escritório para falarmos sobre o assunto, do seu grande interesse. O seu engajamento foi caloroso e imediato. Alberto viria a dar enorme e decisivo apoio ao projeto.

Mais tarde, aderiu ao nosso trio de coordenadores Carlos Eduardo Uchôa Fagundes, que já vinha acompanhando o projeto desde o início, tendo inclusive participado do primeiro grupo de reflexão – o Geart já mencionado.

Em seguida juntou-se a nós Atonio Padua Tavares, companheiro de trabalho, há anos, numa multinacional. O grupo de coordenadores ficou então com cinco membros.

Em janeiro e fevereiro de 2000 então, Alberto, Ricca e eu, trocávamos idéias sobre uma "empresa solidária", a ser organizada de tal modo que levasse a uma parceria com propósitos comuns na qual todos compartissem de maneira madura dos êxitos, mas também dos insucessos da empresa, onde todos pudessem, um dia, decidir responsavelmente, solidariamente, o que era melhor para todos. Uma organização em que o homem, que é o criador e portanto o princípio da empresa, não seja alijado, pela coisa, dos seus propósitos finais. O homem não é meio. O homem é fim.

Conviemos logo de início que o ponto de partida para a "empresa solidária" seria, como dito mais acima, "o gradual aprofundamento da administração participativa" que, como a pesquisa de 1998 evidenciou, revelou-se uma tendência natural, mesmo uma vocação da empresa, antagonizada pela coisificação.

Vimos então que era preciso montar uma estratégia com dupla finalidade: de um lado divulgar a idéia, ou melhor, a ideologia da empresa solidária, e de outro lado, levantar uma metodologia que conduzisse a ela, partindo do aprofundamento e divulgação do significado da administração participativa. E que devíamos começar procurando atuar sobre os líderes. Para os dois casos, tínhamos nossa estratégia confirmada pelo ensinamento de Kurt Lewin (em PROBLEMAS DE DINÂMICA DE GRUPO): "A mudança tem que ser mais profunda que o nível verbal ou o nível das formalidades sociais." (Ou seja, tem que ter origem no nível das idéias, no nível de uma ideologia orientadora.) E também:

> Toda mudança real da cultura de um grupo está interligada com a mudança da constelação de poder interior do grupo [...] uma mudança nos métodos de liderança é provavelmente a maneira mais rápida de efetuar uma mudança na atmosfera cultural de um grupo. Pois a chave da ideologia da organização da vida desse grupo é o *status* e o poder do líder ou setor de liderança do grupo.

No já citado O FUTURO DA ADMINISTRAÇÃO DE RH NO BRASIL, como estratégia para provocar mudança de enfoque dos propósitos finais da empresa, de um objetivo-coisa para um objetivo-homem, recomendava aos profissionais de RH:

> Convencer-se e levar o empresariado e executivos prepostos a reconhecerem, com honestidade e coragem, que na empresa a coisa é, como sempre foi, mais importante do que o homem. Só enfrentando desassombradamente essa verdade – só abalando a estrutura cognitiva desse empresariado e dos seus executivos para levá-los a redesenhar sua escala de valores (a "mentalidade empresarial") e daí redirecionar seu comportamento – poder-se-á começar a pensar em como reverter o quadro, para colocar o homem no seu devido lugar.

Decidimos então promover a ideologia divulgando, para líderes da sociedade empresarial, os princípios de solidariedade em que acreditávamos. O *leitmotiv* da nossa ideologia se assentava sobre a convicção de que a valorização da coisa acima do valor do homem é a grande mácula social que urge ser combatida. E que, por sermos todos homens de empresa, a população-alvo a ser inicialmente atingida seria a sociedade empresarial a que tínhamos acesso mais direto. Por ser a sociedade empresarial um dos segmentos mais importantes e mais dinâmicos da sociedade como um todo, acreditávamos que, atingindo com a nossa ideologia a sociedade empresarial, a sociedade como um todo seria, com o tempo, também atingida.

Quanto à metodologia, a iniciativa deveria ser não procurar oferecer nenhum método desenvolvido por nós, mas ir colhendo idéias com os líderes com quem entrássemos em contato.

Tínhamos, então, delineadas as linhas mestras da nossa estratégia: divulgar uma ideologia e levantar, por consulta aos líderes da sociedade empresarial, uma metodologia capaz de viabilizá-la.

PRÁXIS

... investigar se o trabalho — formal ou informal — fará parte da lógica central das cadeias produtivas ou sobreviverá nas franjas do sistema. | **Gilberto Dupas**

Uma vez formulada nossa ideologia (e satisfeitos com ela), passamos a nos empenhar na sua materialização.

Como diz o filósofo social Anthony Giddens em A TERCEIRA VIA:

... mas os ideais são vazios quando não se relacionam com possibilidades reais. Precisamos saber tanto que tipo de sociedade gostaríamos de criar quanto quais são os meios concretos para nos aproximarmos dela.

Imaginamos montar um evento com número reduzido de participantes para permitir uma troca de idéias eficaz. A escolha recaiu sobre um *workshop* capaz de estimular a participação ativa dos envolvidos. Montamos então um, com três horas de duração, cujo programa constaria de: **1.** apresentação dos participantes e do FRH; **2.** exposição da ideologia; **3.** debate sobre um tema pré-escolhido; **4.** exercício em grupos para troca de idéias e seu registro por escrito versando sobre métodos de viabilização da administração participativa; e **5.** encerramento.

[Nota à margem do texto do folheto: cada coordenador se incumbia, alternadamente, de uma fase. De costume, o esquema era o seguinte: *apresentação*, Ricca — *ideologia*, Roberto — *moderação do debate*, Alberto — *orientação do exercício*, Tavares — *encerramento*, Carlos Eduardo.]

O tema do debate diz o seguinte:

Mesmo considerando os problemas que as empresas enfrentam na atual conjuntura, você tem alguma sugestão visando minimizar o desfavorecimento do homem (por exemplo, com corte de pessoal) sem prejudicar o desempenho da coisa (por exemplo, competitividade, aperfeiçoamento tecnológico etc.)?

E o tema do exercício:

Que medidas práticas você recomendaria que a empresa tomasse para se organizar de tal maneira que todos possam decidir, solidária e responsavelmente, o que é melhor para todos?

[Novamente à margem: no suceder de *workshops*, observando as respostas dadas e aumentando nossa experiência, os temas de debate e exercício foram progredindo.]

Decidimos realizar o primeiro *workshop* no mês de março e iniciamos os convites, acompanhados de notícia sobre o conteúdo do evento com o título de A Empresa em Mudança. Seus primeiros parágrafos diziam o seguinte:

As relações de trabalho — que são o traço mais representativo da personalidade da empresa — estão passando, junto com a própria empresa, por notáveis modificações.

Influenciadas inclusive pelas conseqüências da globalização, pelas conquistas da tecnologia, pela crescente dominância, na economia, do setor terciário, as relações de trabalho estão perdendo suas tradicionais características de unicidade e permanência para assumir novas formas impregnadas de mobilidade e pluralismo. O emprego estável, não raro de vida inteira, está cedendo espaço às terceirizações, ao trabalho sem registro, temporário e/ou on-line no próprio domicílio, aos trabalhos por projeto, e demais modalidades de trabalho impermanente.

Dizíamos que as conseqüências dessas mudanças, na sociedade empresarial e na sociedade como um todo, permanecem obscuras, com muito de achismo; propúnhamos a realização de encontros, no feitio de *workshops* em que consultaríamos, à procura de rumos, a opinião dos líderes da sociedade empresarial, sindicatos, dirigentes de cooperativas, organizações autogeridas, professores universitários, gente interessada no social.

Com a contribuição de todos esses agentes, pretendíamos – sempre perseverando na idéia de tomar como ponto de partida a administração participativa (inclusive para não promover, desde o início, uma ruptura muito agressiva com o passado) – investigar e estudar, para conhecer, outras formas de relações de trabalho, novas modalidades que vinham, aceleradamente, ocupando o lugar dos padrões tradicionais empresa/emprego formal, estes, em franco declínio.

Esses novos esquemas, imersos numa ecologia social marcada pela globalização, pelas "redes", pelo virtual e por todo o aparato da tecnologia moderna, que faz tornar rapidamente obsoletas as técnicas de ontem, podem mudar (e estão mudando) a face das relações humanas de hoje em dia e aumentando especialmente nossas preocupações com as relações de trabalho de que o desemprego e a exclusão social não são as menores.

Como diz Patrizia Cinti em seu artigo TOURAINE: A SOCIEDADE PROGRAMADA:

Ao envelhecimento das técnicas segue-se o envelhecimento das qualificações, e portanto da formação de uma categoria de trabalhadores obsoletos com pouco mais de quarenta anos, mas podendo chegar até trinta, nos setores em que a inovação tecnológica é mais veloz. São esses quem junto com os aposentados mas também junto com os jovens não providos de uma formação técnica adequada para o que está sendo solicitado pelo sistema econômico, formam um novo proletariado rechaçado pelo progresso.

E diz o filósofo francês Pierre Lévy, em CIBERCULTURA:

Para uma proporção cada vez maior de população, o trabalho não é mais a execução repetitiva de uma tarefa atribuída, mas uma atividade complexa na qual a resolução inventiva de problemas, a cooperação no centro de equipes e a gestão de relações humanas têm lugares importantes.

E também:

O velho esquema segundo o qual aprende-se uma profissão na juventude para exercê-la durante o restante da vida encontra-se, portanto, ultrapassado. Os indivíduos são levados a mudar de profissão várias vezes em suas carreiras, e a própria noção de profissão torna-se cada vez mais problemática. Seria melhor raciocinar em termos de competências variadas das quais cada um possui uma coleção particular. As pessoas têm, então, o encargo de manter e enriquecer sua coleção de competências durante suas vidas. Essa abordagem coloca em questão [...] a profissão como modo principal de identificação econômica e social das pessoas.

Nossa apreensão com o futuro da administração das relações de trabalho (e do próprio trabalho) vem acrescida da constatação de que a empresa brasileira, ao que tudo indica, não está plenamente consciente da necessidade premente de reorientar com urgência os padrões e os enfoques correntes das relações empresa/empregado. Essa apreensão, aliás, não é só nossa. Como diz Anthony Giddens no livro já mencionado: "Não sabemos se seremos capazes de controlar adequadamente as forças que a globalização e a mudança tecnológica desencadearam."

Na frente dessas incertezas, a sociedade empresarial brasileira tem uma alternativa e apenas uma: preparar-se, tornar-se tão competente quanto a envergadura do problema exige, tão capaz quanto necessário para administrar o empreendimento do futuro, se não quiser ser engolfada pelo obsoletismo e incapacitada de competir.

Porque a obsolescência não ameaça somente o profissionalismo do trabalhador, como tão bem delineia Pierre Lévy nas citações anteriores.

Ameaça também o modelo organizacional como um todo, fazendo pensar se a empresa continuará por muito tempo com seu feitio organizacional em forma de pirâmide ou se se transformará em alguma coisa como...

... uma sinergia de competências, recursos e projetos, com a constituição dinâmica de memórias em comum, a ativação de modos de cooperação flexíveis e transversais, a distribuição coordenada de centros de decisão.

As interrogações são muitas. E difíceis de responder. Ou até mesmo de equacionar. Pois é exatamente para tentar equacionar e ir à procura de respostas a temas tão graves – e por isso mesmo tão bonitos e tão estimulantes – que nós criamos o Fórum Permanente e organizamos os nossos *workshops* como *brain-pools* de alto nível, como uma interconexão das inteligências de pessoas as mais capazes de criar soluções.

E é por isso que os *workshops* se centram em apenas duas perguntas – uma no debate: "... Você tem alguma sugestão visando minimizar o desfavorecimento do homem...?" E outra no exercício escrito: "Que medidas práticas você recomendaria...?" etc.

O primeiro *workshop* realizou-se no dia 23 de março de 2000, com nove participantes.

Durante o ano realizamos dez eventos em São Paulo. José Moura (que tinha, coordenando-se comigo, tentado em 1997 inserir o Fórum num projeto mais amplo de ensino, pela Xerox, de que era vice-presidente) criou, em cooperação com Francisco Gomes de Matos, um Núcleo FRH do Rio de Janeiro, no qual o primeiro *workshop* realizou-se em 7 de novembro com dez participantes. Ao todo, a esses 11 eventos compareceram 87 participantes, sendo 77 em São Paulo.

Resultados?

Em São Paulo, dos debates, não colhemos, durante todo o ano, nenhum dos resultados que esperávamos. Participantes abordavam assuntos os mais diversos, principalmente ligados a grandes problemas brasileiros como educação, saúde, miséria, analfabetismo, sobrecarga e cascatear de impostos, as dificuldades de exportação, a saúde, a corrupção, a precariedade do saneamento básico etc. etc. etc. Respostas diretas à pergunta: uma ou duas, o que não chegou a constituir o que se pudesse chamar de amostragem.

De início, nosso sentimento foi de frustração e preocupação, mas logo depois percebemos que o rumo que os participantes imprimiram ao debate estava desempenhando um papel salutar, pois, por espontânea escolha deles próprios, aquele momento estava sendo utilizado como uma espécie de catarse, de crítica, necessária e apropriada à situação reinante, como uma preparação, um eficaz "aquecimento de motores" para a atividade seguinte. Decidimos manter o debate com o mesmo texto e o mesmo feitio e deixar que os participantes dessem largas à vontade de se exprimir livremente, pelo tempo que quisessem. O resultado foi muito positivo e se enquadrou perfeitamente no contexto e no espírito do evento.

O segundo trabalho, na forma de exercício escrito, foi coroado de pleno êxito. Mas, curiosamente um êxito não previsto e menos premeditado.

A nossa expectativa era de colher, como o próprio texto solicita, "medidas práticas", métodos administrativos aplicáveis, capazes de desencadear um processo de administração participativa, normas de integração organizacional, de comunicação em todos os sentidos, de participação nas decisões e nos resultados, iniciativas que levassem a concretizar um início de empresa solidária mostrando como se provoca, na prática, uma parceria com propósitos comuns.

Essa expectativa não se concretizou. Mas o resultado foi muito melhor. Porque, em lugar de ir diretamente ao levantamento de práticas, informou claramente quais os princípios, qual a ideologia que caracteriza uma cultura empresarial brasileira, numa amostragem muito significativa do nosso pensamento administrativo. E isso significou, muito adequadamente, o primeiro passo, a seqüência lógica: a tomada de contato com a ideologia para depois então procurar a metodologia.

Pela listagem das respostas obtidas, que se segue, poder-se-á verificar que uma das tendências do empresariado é no sentido da administração participativa, tendência que já tinha sido levantada na série de entrevistas realizadas no segundo semestre de 1998 e que agora se viam plenamente confirmadas. O que quer dizer, sem vislumbre de dúvida, que a administração participativa, que levará à empresa solidária, não representa um constrangimento ou uma violência à administração de empresas mas, muito pelo contrário indica uma tendência, mesmo uma aspiração do empresariado. E que, portanto, a empresa solidária é, como sempre acreditamos que fosse, não uma fantasia, mas uma realidade a ser conquistada.

A seguir, apresenta-se a listagem das respostas — transcritas *ipsis verbis* — ao exercício escrito com elisão das que não tinham nenhuma relação com a pergunta. Referem-se ao trabalho de 21 grupos, de três a cinco participantes, no total, 77 participantes em dez *workshops*. (Lembre-se de que a pergunta era: *que medidas práticas você recomendaria que a empresa tomasse para se organizar de tal maneira que todos possam decidir, solidária e responsavelmente, o que é melhor para todos?*)

[Nota: no folheto original encontram-se apenas as respostas a exercícios realizados em São Paulo em 2001. A lista abaixo inclui respostas de 2001 e 2002 em São Paulo e no Rio de Janeiro.]

Respostas | São Paulo (14 workshops)

- Introdução de um sistema de gestão participativa.
- Entendemos que no futuro o processo decisório seja compartilhado.
- Educar para a participação; responsabilidade pelo resultado e pelo risco.
- Instalar uma postura gerencial participativa, iniciando pelo topo da organização.
- Criação de grupos multidisciplinares de referência, abstraídos das hierarquias formais.

- Representação dos funcionários nos Conselhos de Gestão.
- Implantar de forma transparente – teoria e prática – a gestão participativa.
- Ter uma liderança que queira participação.
- Definir pequenos projetos e confiar aos trabalhadores o seu cumprimento, a partir das próprias iniciativas.
- As pessoas devem participar dos resultados da empresa, de forma realista e participativa.
- Programas de recompensa por participação nos resultados.
- Participação nos resultados dos negócios, com fixação de metas corporativas e individuais, devidamente acordadas e facilmente mensuráveis.
- Entendemos que o processo participativo deva substituir a relação imperativa capital/trabalho.
- Ter oportunidade de participar integralmente no desenvolvimento do seu grupo: satisfação por se sentir responsável pelos resultados.
- Tratar o trabalhador como parceiro; para não ficar só na retórica: praticar o que se prega e cumprir o que é prometido.
- Conhecer as expectativas dos trabalhadores de forma participativa e desenvolver ações para atendê-las.
- Considerar o colaborador como ser humano, não confundir valor com custo.
- Aproximação da empresa com o "bem comum" estimulando os que empunham a bandeira da solidariedade.
- Processo decisório interdisciplinar-multifuncional.
- Compartilhar informações entre os funcionários (só decide/participa quem sabe). Uma oportunidade é o planejamento do orçamento.
- Concretizar a filosofia da empresa (missão, visão, valores) – comunicar (de cima para baixo) – praticar – sensibilizar – envolvimento e compromisso.
- Reuniões para troca de experiências (mecanismos para reduzir distâncias melhorando a comunicação interna).
- Processo de gestão de desempenho (360°), coerência, convergência, cascata de objetivos, consensual.

- Mudança de atitude e estilo de liderança.

- Contrato de expectativas: valores, visão, objetivos conjuntos, compromisso, resultados esperados, forma de compartilhar resultados – Fluxos de trabalhos claros e compreendidos por todos – Informação compartilhada sobre objetivos, planos, resultados, critérios – Expectativas claras sobre desempenho uns dos outros – Preparação das pessoas para funcionar de acordo com o modelo.

- Criar parâmetros adicionais de avaliação da empresa com respeito à responsabilidade social, à cidadania e à ética.

- Estimular a criação de um Balanço Social transparente e auditável.

- Criar espaços, estímulos e ações para participação no resultado com remuneração adicional para todos os níveis.

- A criação de um novo contrato de trabalho que inclua, nas novas relações, o envolvimento e a dedicação para participação nas decisões empresariais.

- A criação de um tratado das relações interpessoais de respeito à ética e de comprometimento com práticas economicamente saudáveis.

- A criação da Nova Empresa que seria identificada por um selo.

- Estimular o autodesenvolvimento.

- Estimular a utilização da crise como aprendizado e oportunidade de crescimento.

- Utilizar tratamento diferenciado para pessoas diferentes, dentro de um critério de harmonia, procurando evitar geração de conflitos.

- Envolver com participação gerando comprometimento.

- Aprimorar canais de comunicação interna: clareza nas colocações – comunicação adequada – comunicação no estilo dupla via.

- A empresa deve estar inserida no contexto da sociedade (interação).

- Aprofundar a discussão sobre a distribuição de renda x anos de estudos (estudo Ipea).

- Estabelecer canais formais e informais de troca de experiências (positivas e negativas).

- Organização dos empreendedores em redes voltadas para valores comuns.

- Maior integração entre a escola (desde o primário até a universidade) e as empresas/empreendedores.

- Sistematizar o hábito da reflexão, por meio de grupos e canais que fomentem interfaces, crítica e pluralismo.

- Instituir e criar mecanismos e instrumentos de avaliação de seu compromisso com a sociedade.

- Criar programa de formação de cidadão.

Respostas | Rio (quatro workshops)

- Estabelecer critérios para o processo decisório participativo (entendendo que este processo não significa consulta sistemática e regular a todos): o bem comum (exemplo: clientes, fornecedores, empregados, acionistas, comunidade) – respeito à dignidade humana.

- Legitimidade de liderança para conclusão do processo.

- Administração de conflitos.

- Educação continuada.

- Responsabilidade social.

- Pressupostos: **a.** definição do que seja "todos" – empregados, clientes, acionistas, fornecedores, sociedade como um todo; **b.** definição do que significa "melhor" – satisfação das aspirações dos cinco constituintes mencionados em a) administrando-se os legítimos conflitos de interesses e com foco na dignificação humana. Implementação: movimento articulado para formação de líderes com base na definição das características essenciais e específicas para cada tipo de empresa. A articulação deveria partir de um debate conduzido por organização de classe, num movimento de repercussão progressiva em toda a sociedade.

- Estabelecer veículos organizacionais por meio de parcerias e gestão compartilhada com os empregados.

- Criação de um ambiente de respeito às pessoas, de espaço para inovação, criatividade e melhor utilização do potencial humano.

- Incorporação de tais práticas nos valores e culturas da empresa.

- Foco no desenvolvimento de competências.
- Identificar novas alternativas de geração de trabalho (Ex.: cooperativas de trabalho).
- Desenvolver maior integração entre as diversas áreas da empresa.
- Assegurar a participação dos empregados nos processos de gestão de empresas originadas por fusões e incorporações, privatizações.
- Visão estratégica claramente definida pela diretoria.
- Políticas da empresa aprovadas pelo Conselho dos Acionistas.
- Transparência na comunicação.
- Clima de abertura, envolvimento e participação dos empregados.
- Solidariedade (comunhão) entre parceiros (clientes, empregados e acionistas).
- Ambiente de delegação com limites.
- Foco na satisfação de empregados e no mercado (clientes).
- Ênfase na formação e educação das pessoas.
- Mudança da cultura e valores visando estabelecer gestão participativa.
- Desenvolvimento das lideranças e de equipes para facilitar a assimilação da nova cultura.
- Gestão e participação nos resultados, com clara definição de indicadores de *performance*, a nível individual e corporativo.
- Pesquisa metódica de clima.
- *Benchmark* em empresas com prática de gestão participativa (Ex.: Fundação Inepar).

A vocação para um modelo de administração cooperativo e humanizado salta aos olhos.

O que (curiosamente contrariando nossas expectativas) comunicou solidez e realismo aos trabalhos nos *workshops* – tanto nos debates quanto nos exercícios escritos em grupos – foi que os temas discutidos seguiram intuitivamente a livre escolha dos participantes e não a imposição dos organizadores. Isso, infundindo-lhes espontaneidade, garantiu-lhes a autenticidade.

Futuro

Certamente nunca antes as mudanças das técnicas, da economia e dos costumes foram tão rápidas e desestabilizadoras. | **Pierre Lévy**

Somando os participantes de *workshops* durante o ano de 2000, com as entrevistas de 1998, com reuniões formais e informais, grupos de reflexão, mesas-redondas etc., já ouvimos, por enquanto e até maio de 2001, bem mais de 150 depoimentos de pessoas ligadas ou interessadas na empresa e na sociedade empresarial.

Além disso, temos acompanhado a mídia e consultado autores que se interessam pelos rumos da sociedade como um todo e da sociedade empresarial em particular, neste início de milênio.

Respeitáveis pensadores estão preocupados com a necessidade de estudar a complexidade da sociedade contemporânea, dominada pela tecnologia e pela globalização ou mundialização e com a investigação dos seus desdobramentos no futuro. Nesse afã, chegaram inclusive a uma nova epistemologia ancorada na realidade virtual criada pelo computador, de que as *networks* – que, segundo alguns autores, não são coordenadas por ninguém, mas se coordenam a si mesmas – o "ciberespaço", a "inteligência coletiva", são algumas das matérias-primas.

Expressões como "sociedade pós-moderna" (título do livro de De Masi a que temos recorrido), "sociedade pós-industrial", "nova economia", "sociedade em impasse", a "terceira onda" (proposta pelo escritor Alvin Toffler) "sociedade programada", denominação preferida pelo filósofo Alain Touraine, e muitas mais entraram para o vocabulário corrente.

Nessa sociedade "pós", como se configura a empresa? Consultemos alguns pensadores.

"Para Alain Touraine, o cerne da nova sociedade se encontra na produção científica e o processo fundamental não é a produção de bens, mas a programação da inovação", citado por De Masi. Nessa sociedade, "a hegemonia é exercida não mais pelos proprietários dos meios de produção e sim por aqueles que administram o conhecimento e que podem planejar a inovação".

Vejamos como Pierre Lévy, no livro O QUE É O VIRTUAL?, descreve a empresa do futuro:

A organização clássica reúne seus empregados no mesmo prédio ou num conjunto de departamentos. Uma empresa virtual serve-se principalmente do teletrabalho, tende a substituir a presença física dos seus empregados nos mesmos locais pela participação numa rede de comunicação eletrônica e pelo uso de recursos e programas que favorecem a cooperação.

E também: "O membro da empresa habitual passava do espaço privado ao espaço público do local de trabalho. Por contraste, o teletrabalhador transforma seu espaço privado em espaço público e vice-versa."

E em termos de organização, como fica a empresa? Segundo o sociólogo Richard Sennet em A CORROSÃO DO CARÁTER: "Em vez das organizações tipo pirâmide, a administração quer agora pensar nas organizações como redes." E citando o também sociólogo Walter Powel: "As arrumações tipo rede pesam menos sobre os pés" do que as hierarquias piramidais, "podem ser mais facilmente decompostas ou redefinidas que as vantagens fixas das hierarquias". E mais adiante: "Um executivo da IBM certa vez disse que a empresa flexível deve tornar-se um arquipélago de atividades relacionadas."

Como se vê, há uma grande efervescência no pensamento psicossociológico, econômico (e mesmo filosófico) de cabeças que se interessam pelas ciências do homem. Efervescência típica dos períodos das grandes mudanças como registrava Condorcet no século XVIII, século do Iluminismo, da Revolução Francesa, da Revolução Americana, da Revolução Industrial, da gênese de tantos dos princípios da república e da democracia modernas.

Para nós também, homens da prática e da tarimba, e para tantos outros como nós, a sensação de que o mundo está mudando é − lembrando Nelson Rodrigues − o "óbvio ululante".

Ao que nos interessa mais de perto: a empresa brasileira está mudando. E ainda vai mudar muito mais. Diante dessa realidade, qual deverá ser a nossa atitude e o nosso esforço de adaptação aos novos tempos?

A empresa concebida como uma rede ou uma teia, como uma enorme "interconexão virtual de todos com todos" como se lê no jargão da cibernética, não tem forma definida, muito menos de pirâmide. Não tem concretitude, não pode ser representada por um desenho geométrico. E portanto torna-se mais difícil de decodificar, pode tornar-se ilegível para muitos dos que dela participam. Haverá casos em que as pessoas não se comunicarão mais visualmente, de viva voz e com o aperto de mão, mas de longe, "navegando" numa *electronic neighborhood*, uma "vizinhança eletrônica". Será necessário todo um novo aprendizado, não apenas organizacional, mas também social ou psicossocial para se ambientar e trabalhar produtivamente num ambiente (se é que a expressão é adequada) tão novo.

Mesmo na indústria, a fábrica tradicional está perdendo suas características de unicidade para se transformar numa disposição modular fragmentada com operações, materiais e pessoal de muitas empresas tributárias, de muitas "camisas", num mesmo sítio (que já não se sabe mais casa de quem é) fazendo com que se desvaneça o *ésprit de maison* característico da fábrica antiga.

Parece difícil prever como reagirá o homem (e é o humano que nos interessa) nessa nova empresa de que não sabemos sequer, com Gilberto Dupas, "se o trabalho – formal ou informal – fará parte da sua lógica central" e portanto não sabemos também o que será o que chamamos hoje de "trabalhador".

De outro lado temos a tradicional pirâmide que parece estar em estado pré-agônico.

A administração de empresas evolui e é necessário que a estrutura da sua organização evolua também. Mas não acreditamos que a cultura criada pela pirâmide deva ser rejeitada *ad limina*.

A formação em pirâmide não é criação da empresa, mas organização espontânea da sociedade, de qualquer grupo social organizado. Se é ruim viver regido pelos códigos e normas de conduta característicos das organizações piramidais (e até hoje o homem ainda não demonstrou que pode viver sem eles) o mal é social e não peculiarmente da pirâmide organizacional. A organização em pirâmide não é, portanto, uma aberração criada pela empresa tradicional. Os grupos humanos se organizam naturalmente em pirâmide. A começar pela célula-mãe que é a família. Os animais se organizam em pirâmide, os insetos, como as abelhas, se organizam em pirâmide.

O homem encontra na estrutura piramidal pontos de referência bem claros, bem fáceis de entender, pontos de que necessita para orientar suas ações produtivas e esquematizar seus padrões de conduta. Adere à estrutura inclusive porque encontra nela uma projeção da casa em termos de segurança, abrigo, um lugar para permanecer protegido.

A empresa tradicional é uma grande formadora do caráter, do senso de responsabilidade e de cumprimento do dever, da pontualidade, da seriedade na lida e no respeito à propriedade dos outros.

Quantos de nós não encontramos, na empresa tradicional, um contributo importante para formação do nosso caráter. Quantas boas, sólidas amizades, às vezes de vida toda, não fizemos. Quantos grandes brasileiros não emergiram do trabalho disciplinado na empresa em forma de pirâmide.

Então, alguma virtude ela deve ter, alguma virtude que deve ser aproveitada e não rejeitada *ad limina*; alguma lição podemos (e devemos) tirar de um cuidadoso estudo da sua cultura, e a literatura especializada, principalmente a partir da década de 1950 é riquíssima nesses estudos. Vale a pena consultá-los. (Ou reconsultá-los.)

Mas a organização em pirâmide tem também seus vícios graves. Ela favorece o autoritarismo e mesmo o despotismo administrativo. Sua administração normativa demais, programática demais, permite que os medíocres se refugiem na norma e se engessem nas minuciosas descrições de cargo, fugindo da criatividade que, não raro, aborrece as chefias, também rotineiras, que só gostam de gerir *by the book*, ou seja, pelo manual de procedimentos, e que detestam a inovação, encastelando-se na pseudo-segurança do "foi sempre assim...". O próprio feitio piramidal, com base muito larga e vértice muito estreito, faz com que muitos se candidatem mas poucos alcancem os postos mais elevados, fomentando as competições nem sempre honestas e muitas vezes manipuladas pela chefia. A organização em pirâmide rija já teve seus dias e já prestou bons serviços ao desenvolvimento do País. Mas já está com o prazo de validade vencendo, e pedindo reposição.

O que colocar no lugar? Estamos vivendo num mundo novo não somente pelas inovações técnicas, mas, muito importante, num mundo de novos critérios, de novos conceitos que inclusive levam a novas definições. Para mencionar apenas um exemplo de nova maneira de definir, citemos Wilmar do Vale Barbosa referido em A CONDIÇÃO PÓS-MODERNA, do filósofo francês Jean-François Lyotard:

> Descobriu-se que a fonte de todas as fontes chama-se informação e que a ciência – assim como qualquer modalidade de conhecimento – nada mais é do que um certo modo de organizar, estocar e distribuir informações.

De qualquer maneira, o mundo da tecnologia da informação e de tantas novas tecnologias é o mundo em que vivemos e onde se passará obrigatoriamente a vida da empresa e da sua administração.

Seria bom que a sociedade empresarial fosse capaz de, de um lado, aproveitar tudo de bom que a organização tradicional legou, e de outro lado, saber aproveitar o extraordinário desenvolvimento tecnológico e científico que o pós-modernismo ou pós-industrialismo está oferecendo. E que não perdesse a oportunidade de estudar de perto as cooperativas de trabalho e produção e as empresas de autogestão e participação acionária, sua organização e sua operação integrada e participativa.

Estudar uma nova concepção de empresa, profundamente humanizada sem dúvida, mas não para renegar a tecnologia ou a máquina. Porque a máquina é boa para o homem. Desde sempre. Uma das primeiras máquinas – a alavanca interfixa – quanto esforço muscular não terá poupado ao primitivo! E assim tantas outras máquinas, simples e complexas, que foram surgindo através dos tempos, minorando o esforço físico e ampliando o espaço para o lazer. A máquina é boa, muito boa, "quando posta a serviço do homem". Só quando posta a serviço do bem-estar do homem e não da sua infelicidade. Vamos repetir mais uma vez o moto que inspira todo o trabalho do FRH: a colocação do valor da coisa (e a máquina, seja alavanca ou computador, é uma coisa) acima do valor do homem "é um dos maiores flagelos sociais de toda a História da humanidade."

É em torno de preocupações, como muitas das citadas anteriormente, que o FRH está trabalhando à procura de respostas, está consultando quem possa opinar a respeito. Paira sempre o receio de que a tecnologia avançada com suas redes, seus arquipélagos, seu distanciamento, venha criar uma empresa não apenas despersonalizada, mas também desumanizada, influenciada inclusive pelo embevecimento que as novas técnicas estão provocando nas pessoas, a ponto de sonharem com uma empresa que não precise mais do homem, mas apenas do robô.

Na frente dessas tantas indefinições, a proposta do FRH é seguir um caminho prudente chegando primeiro a uma organização participativa em que todos possam compartir êxitos e insucessos, em que todos possam decidir solidária e responsavelmente o que é melhor para todos, tendo a chance de decidir se a tecnologia de ponta é sempre a melhor solução para todos os seus problemas, trazendo as decisões finais para o homem e não para a máquina, em que todos possam criar uma empresa que tenha no homem e não na coisa o seu objetivo último, uma empresa profundamente humanizada: a empresa solidária.

A empresa solidária, organização ainda em pirâmide, mas plenamente participativa, deverá ser a solução intermediária, preparatória para a chegada da ciberempresa que, por herança, absorverá os critérios da administração participativa incorporados à cultura antiga. Com isso, poderá contribuir para evitar uma ruptura traumática entre a velha organização piramidal, de território bem limitado, e a organização-rede desterritorializada, organização www, conectada, por computador, ao mundo inteiro.

O advento da nova empresa, com todo o seu equipamento tecnológico, é inevitável e será bem-vindo, mas só se compatibilizar o aperfeiçoamento da máquina com a valorização do homem. Só se não permitir que a tecnologia se sobreponha à ética. Só se, embora virtual, seja sempre uma empresa solidária. [Fim do Folheto.]

Na quarta capa do folheto vinha uma citação do economista indiano Amartya Sen: "Pois os seres humanos não são meramente meios de produção, mas a finalidade de todo o processo."

CAPÍTULO 12 | **WORKSHOPS**

Há uma ideologia de globalização que a considera uma força natural capaz de reduzir sociedades a economias, economias a mercados e mercados a fluxos financeiros.

| *Alain Touraine*

No final de 2002, os quatro amigos coordenadores se dispersaram. Os resultados dos *workshops* de 2000 a 2002 indicavam que os esforços do FRH deveriam ser dirigidos à procura de veículos de divulgação que, aliás, naqueles anos, tínhamos executado com pleno êxito. Como diz o nosso folheto (nossa profissão de fé):

... só abalando a estrutura cognitiva do empresariado e dos seus executivos para levá-los a redesenhar sua escala de valores (a "mentalidade empresarial") e daí redirecionar seu comportamento – poder-se-á começar a pensar em como reverter o quadro, para colocar o homem no seu devido lugar.

Sem trabalhar, num esforço de divulgação, na mudança de mentalidade, seria temerário tentar operacionalizar a administração participativa, porta de entrada da empresa solidária. Se posteriormente nossos trabalhos nos conduzissem a uma perspectiva de operacionalização, o FRH saberia, sem maior problema, se reorganizar para enfrentá-la.

O que eu deveria fazer agora, sozinho, era tentar dinamizar a divulgação.

No primeiro trimestre de 2003, decidi dirigir-me à cumeeira da sociedade empresarial: a Federação das Indústrias do Estado de São Paulo (Fiesp). Nenhum outro organismo seria campo mais fértil à divulgação.

Com esse objetivo em mente, procurei, conversei pessoalmente e troquei correspondência com o presidente da Fiesp.

Desses contatos, resultou a realização, na sede daquela federação, de um *workshop* para dez empresários no dia 10 de abril.

TRÊS REVOLUÇÕES TECNOLÓGICAS Creio que é conveniente aproveitar o momento para falar sobre o temário desses *workshops*.

Esse temário, que veio à luz pela primeira vez em março de 2000, no nosso primeiro evento, foi-se modificando ao ritmo de novos encontros e das trocas de idéias com participantes que sempre contribuíam para enriquecê-lo. Baseia-se em considerações como as que seguem e tem como objetivo maior chamar a atenção do empresariado para a revolução socioeconômica em que o mundo está mergulhado, especificamente quanto a seu impacto na empresa e na sua administração. O empresário que não se amoldar à nova realidade desencadeada pelas conquistas da tecnologia da informação corre o risco de ver sua organização mudando de mão ou sendo alijada do mercado.

De fato, a sociedade contemporânea está vivendo uma mudança de notável significado histórico, entrando numa nova ordem mundial, talvez numa nova idade da História que já é chamada de Era da Informação, caracterizada pela mundialização da economia, da tecnologia informacional, da biotecnologia. O momento é, portanto, mais do que propício para se pensar numa renovação da empresa – um dos mais decisivos, senão o mais decisivo determinante dos rumos da sociedade. Para onde for a empresa, a sociedade também irá.

Essa nova ordem mundial a que nos referimos e em que, percebamos ou não, estamos todos imersos, tem como epicentro uma grande revolução tecnológica: a Revolução Informacional.

Como matérias-primas dessa revolução encontramos, num resumo: um novo paradigma tecnológico que se organiza em torno da tecnologia da informação; uma nova dimensão socioeconômica potencializada pela globalização do capitalismo. A Revolução Informacional não é a primeira *grande* revolução tecnológica registrada pela História. É a terceira.

Certas conquistas da tecnologia têm o poder de influir na sociedade e de modificá-la, como a invenção da pólvora, da bússola, da imprensa. Mas há outras conquistas que não apenas influenciam, mas revolucionam, provocando uma verdadeira ruptura com o passado. Essas são raras. E tão notáveis, que em 12 mil anos de História, registram-se apenas três: a Revolução Agrícola, a Revolução Industrial e a Revolução Informacional dos nossos dias.

REVOLUÇÃO AGRÍCOLA Teve seu início no neolítico (por isso é chamada também de Revolução Neolítica), "revolucionou" a vida dos nômades que viviam da caça e coleta e moravam nas cavernas, levando-os a morar em habitações por eles construídas e para uma economia de plantio e colheita, de domesticação de animais para alimentação e custeio. O pastoreio começou aí. E a agricultura também. E, acontecimento notável para o futuro da civilização, a construção de cidades. Jericó, na margem ocidental do rio Jordão, a mais antiga cidade conhecida, tem seus vestígios mais remotos datados de 9000 a. C. Pode-se imaginar então que a construção de Jericó marca a aparição da engenharia. Possivelmente da economia, pois era necessário inventariar o estoque de grãos, a quantidade de cabeças de gado, verificar quem dispunha de quanto.

Vê-se que a mudança social e econômica provocada pela primeira grande revolução tecnológica foi espetacular. As duas outras que vieram mais tarde também o foram. Em todas elas a ruptura com o passado foi radical.

REVOLUÇÃO INDUSTRIAL Em seu livro TECHNICS AND CIVILIZA-TION, Lewis Mumford entende essas revoluções como marcadas por mudança no complexo tecnológico dominante, e as ordena em número de três: inicialmente uma fase eotécnica caracterizada pelo complexo tecnológico água-e-madeira que vem desde a Revolução Agrícola, perpassa a Antigüidade, a Idade Média e o Renascimento. Em seguida, uma fase *paleotécnica*

149

marcada pelo complexo tecnológico ferro-e-carvão que se dramatiza na Revolução Industrial do século XVIII e finalmente uma fase neotécnica caracterizada pelo complexo tecnológico aço-e-ligas. (O livro de Mumford foi escrito em 1930.)

A chamada Revolução Industrial que vinha sendo preparada mais acentuadamente com a migração dos servos da gleba, artesãos das agrovilas à sombra dos castelos, para os burgos, torna-se mais conspícua em meados do século XVIII, com a invenção de máquinas principalmente de fiação e tecelagem, com a introdução da roda d'água motora dos eixos de transmissão, que permitiram a diversas máquinas operarem num mesmo recinto, com a descoberta do gás de hulha e com a revolucionária máquina a vapor.

O conjunto roda-d'água-eixo-de-transmissão marca o embrião da fábrica: diversas máquinas e diversos operários trabalhando sob o mesmo teto, sob fiscalização de chefia permanente.

A organização do trabalho na oficina de produção, nos burgos medievais, repousava sobre uma hierarquia fortemente funcional em três níveis: mestre, companheiro e aprendiz. Qualifico de funcional essa organização porque ela varou os séculos e marca sua presença nos dias de hoje, por exemplo, em: pedreiro, meia-colher e servente – oficial, meio-oficial e ajudante – mestre, contramestre e encarregado – pleno, sênior e júnior etc.

Da oficina dos burgos nasceram as especializadas corporações de ofício, de enorme poder no Renascimento, e das corporações, os capitalistas. As ferramentas de trabalho na oficina medieval eram de propriedade dos mestres. Com as corporações de ofício, os mestres mais ricos foram comprando as ferramentas dos mestres mais pobres. Aumentando seu ativo fixo com a aquisição das máquinas e ferramentas dos mais pobres, os mestres mais ricos foram acumulando fortuna, prestígio e poder. São os avós do moderno capitalista empresário. Sem o patrimônio das máquinas, sem ter o que produzir, os mestres mais pobres, juntamente com companheiros e aprendizes, só tinham, para vender, sua força de trabalho. Foram se proletarizando no trabalho da fábrica e da mina de carvão.

Diz a sabedoria popular que "a criança é pai do homem". Observando filhos e netos, vê-se que muitos traços de personalidade da infância permanecem íntegros na idade adulta.

A empresa criança do século XVIII que deu origem à empresa adulta dos dias de hoje era muito feia.

Condições de trabalho As condições de trabalho na Revolução Industrial eram abomináveis. E foi por aí que nasceu aquilo que Norberto Bobbio, em DIREITA E ESQUERDA, chamaria de "a mercantilização das relações humanas" da atualidade.

Estudando a história das relações de trabalho, rotulei, na Idade Média, o trabalho do servo da gleba de Fase da Servidão, e o trabalho da Revolução Industrial de Fase da Servidão Remunerada.

Com efeito, a vida do trabalhador da fábrica e da mina inglesas durante a Revolução Industrial não era melhor e, às vezes, era muito pior do que a dos servos da gleba medievais. A Revolução Industrial fez com que a tradicional economia predominantemente agropastoril se transformasse numa economia predominantemente manufatureira, consagrou o fechamento dos campos e a migração dos camponeses para a fábrica e para a mina, para condições de trabalho desumanas. Despovoou o interior e deu início às aglomerações urbanas abafadas como Manchester. E inaugurou a poluição ambiental em larga escala. A Revolução Industrial mudou drasticamente a face da sociedade. Consolidou o desrespeito ao trabalhador e a coisificação das relações humanas no trabalho. Na fábrica e na mina as condições eram sórdidas, a disciplina brutal.

Na HISTOIRE GÉNÉRAL DU TRAVAIL, dirigida por Louis-Henri Parias, diz o escritor Claude Fohlen sobre as "condições de trabalho das crianças": "A jornada de trabalho durava entre doze horas e dezenove em momentos de grande afluência de pedidos. A disciplina era de um rigor extremo e deixada ao talante dos encarregados."

Os mestres levavam ao ombro uma correia de couro (*thong* ou *strap*) com que disciplinavam os aprendizes. (Em 1945, um velho mestre de fiação me contava que essa prática era usual nos seus tempos de aprendiz.)

Diz ainda Fohlen que numa comissão de inquérito sobre trabalho infantil um pai dava as seguintes respostas sobre o trabalho dos seus filhos:

Pergunta: A que horas vão as crianças à fábrica? Pai: Durante seis semanas têm começado às três da manhã e terminado às dez da noite. Nunca podíamos pô-las na cama antes das onze – Pergunta: A que horas tinham que despertá-las? – Pai: Geralmente minha mulher e eu levantávamos às duas da manhã para vesti-las – Pergunta: Quer dizer que tinham somente quatro horas de sono? – Pai: Escassamente quatro. – Pergunta: Ficavam muito cansadas? – Pai: Sim, muito. Às vezes, ao se alimentarem, dormiam com a boca cheia de comida. Tínhamos que sacudi-las para que engolissem.

Segundo ainda Fohlen, em 1802 Robert Peel fez passar na Câmara dos Comuns uma lei que determinava que a jornada de trabalho das crianças "não devia passar de doze horas entre as seis da manhã e as nove da noite".

Quanto ao trabalho das mulheres, diz Mumford no livro citado:

Nas minas e nas fábricas uma indiscriminada promiscuidade sexual da maneira mais bestial era o único lenitivo do tédio e da monotonia da jornada; em algumas minas inglesas as mulheres puxavam as vagonetas de carvão completamente nuas – imundas, animalizadas e degradadas como somente tinham sido os piores escravos da Antigüidade.

Segundo ainda Mumford, a expectativa de vida dos trabalhadores da Revolução Industrial era de vinte anos menos do que a das classes médias inglesas.

Por que estou me demorando nessas considerações? Para deixar claro que a coisificação das relações humanas no trabalho que teve um paroxismo na Revolução Industrial – o carvão mais valioso do que a mulher que puxava, nua, a vagoneta; o tecido mais valioso do que a tecelã criança que dormia de cansaço com a comida na boca – entranhou-se de tal maneira na administração de empresas que continua deixando seus resíduos até os dias de hoje. Na empresa moderna, mesmo nas de boas condições de trabalho, o valor da coisa continua sendo mais alto que o valor do homem.

Na bela colocação do historiador Derek Fraser em THE EVOLUTION OF THE BRITISH WELFARE STATE: "Foi aí [na Revolução Industrial] que se originou a *conveyor-belt mentality* [mentalidade de correia de transmissão] em que o homem, criador da máquina, tornou-se seu criado."

As condições dos setecentos varam os séculos Desagradáveis resíduos da Revolução Industrial continuaram estigmatizando as relações humanas no trabalho pelos séculos seguintes.

Em 1927, o governo federal determinou o gozo de 15 dias de férias anuais aos trabalhadores. A revolta do empresariado foi grande. Seus argumentos, segundo um boletim do Centro das Indústrias de Fiação e Tecelagem de São Paulo coligido pelo historiador Edgard Carone (O PENSAMENTO INDUSTRIAL NO BRASIL 1880 | 1945), eram notáveis:

Mas seja-nos lícito lembrar o que ninguém ignora [...] as pessoas submetidas a trabalho manual intensíssimo, mas cujo cérebro está habitualmente em repouso, conhecem o esgotamento só ao cabo de excessos que a máquina humana não pode suportar.

Trocando em miúdos: operário não cansa.
Outro argumento:

... o homem do povo cujas faculdades morais e intelectuais não foram afinadas pela educação e pelo meio e *cuja vida física, puramente animal*, supera de muito a vida psíquica [vai se perverter] mercê de uma floração de vícios e talvez, de crimes que esta mesma classe não conhece no presente. [Tudo isso causado por] quinze dias de ócios [grifo meu].

Mas isso é Brasil, e Brasil é subdesenvolvido. Mas nos Estados Unidos, no mais desenvolvido, no mais rico e poderoso país da atualidade, o repórter Ted Gup, num artigo da revista Time, em 1991, falando da sua experiência numa mina de carvão no Logan County, West Virginia, conta que desceu para o subsolo deitado de costas numa vagoneta e comeu seu almoço sempre deitado com a marmita sobre o peito porque a altura do túnel não permitia outra posição, obrigando mineiros a andar de quatro (de maneira idêntica à da mina inglesa setecentista).

Diz Ted Gup que foi "a mais claustrofóbica experiência da minha vida" e diziam os mineiros que "aqui você morre de repente (num acidente) ou devagar" (por intoxicação), sinalizando que "ninguém escapa".

No Brasil de hoje, recordista mundial de acidentes do trabalho, ainda há muitas empresas que, em termos de condições de trabalho, não estão muito longe do século XVIII, sem contar que o trabalho escravo ainda acontece no mínimo às dezenas de milhares (TRABALHO ESCRAVO NO BRASIL CONTEMPORÂNEO – diversos autores).

Em que pesem minha formação e minha vocação humanistas, digo tudo isso sem nenhuma intenção de caridade fraterna ou de bom-mocismo, mas somente para registrar que essas formas de relações de trabalho que caracterizaram a infância da empresa na Revolução Industrial deveriam estar ultrapassadas. Pois a Revolução Informacional, exigindo mais escolaridade, exigindo pluriprofissionalização, determinando que o mando das empresas migra dos proprietários dos meios de produção para os especialistas que dominam as sempre renováveis tecnologias, exige também novos critérios e novas práticas administrativas e operacionais. Como diz Michel Serres "o saber tornou-se a nova infra-estrutura", e como diz o sociólogo Manuel Castells em A SOCIEDADE EM REDE:

> ... uma revolução tecnológica com base na informação transformou nosso modo de pensar, de produzir, de consumir, de negociar, de administrar, de comunicar, de viver, de morrer, de fazer guerra e de fazer amor.

Por isso, quem não se adaptar à nova ordem mundial verá sua empresa "mudando de mão ou sendo alijada do mercado".

Quando Michel Serres diz que o saber tornou-se a nova infra-estrutura, isso quer dizer que o *homem* e não a coisa tornou-se o fundamental da empresa, o que significa a ruptura com o passado que caracteriza as grandes revoluções tecnológicas, uma revolução *stricto sensu* no conceito de empresa, de estrutura organizacional, de administração. Significa que para sobreviver ao impacto dessa extraordinária revolução – que marca a passagem do "industrialismo" para o "informacionalismo" no limiar do século XXI – a *mentalidade* empresarial tem de mudar também.

REVOLUÇÃO INFORMACIONAL Depois dessa necessária digressão, volto ao roteiro do temário de um *workshop* – excerto das considerações que vão a seguir – a que dou, como título: A REVOLUÇÃO INFORMACIONAL E O PAPEL DA EMPRESA NUMA NOVA ORDEM MUNDIAL.

Como vou falar sobre Revolução Informacional, fenômeno em desenvolvimento e objeto ainda de estudos para apurar sua compreensão, nesta parte inicial, valho-me mais de transparências do que de discurso.

Enfocando diversas peculiaridades, menciono, quanto ao impacto, Pierre Lévy:

> Certamente nunca antes mudanças das técnicas, da economia e dos costumes foram tão rápidas e desestabilizadoras. [...] A Revolução Informacional que vivemos hoje, comparável à revolução neolítica por sua amplitude e por suas questões antropológicas, está criando disparidades e desigualdades ainda mais profundas.

Pierre Lévy é professor da Universidade de Paris, chefe do departamento de hipermídia (o que de *per se* já é uma novidade na docência universitária). A comparação do impacto da Revolução Informacional com os efeitos da Revolução Agrícola dá bem a medida da importância histórica e socioeconômica daquela. Quanto ao complexo tecnológico dominante recorro a Antônio Corrêa de Lacerda:

> A divisão internacional de trabalho se transforma. O complexo metal-mecânico que foi o grande propulsor do século XX perde importância relativa e tende a ser substituído nesse papel hegemônico pelo complexo microeletrônico.

Quanto ao mosaico ocupacional, a Manuel Castells:

> Em qualquer processo de transição histórica, uma das expressões de mudança sistêmica mais direta é a transformação da estrutura ocupacional, ou seja, da composição das categorias profissionais do emprego.

Quanto às conseqüências, ao cientista Stephen Jay Gould e a Anthony Giddens respectivamente: "Ninguém sabe até onde nos levarão as revoluções da informação e da biologia" e "Não sabemos se seremos capazes de controlar adequadamente as forças que a globalização e a mudança tecnológica desencadearam."

Quanto à biotecnologia, não posso deixar de registrar a extraordinária conquista que veio à luz nos primeiros dias de abril de 2003: a conclusão do mapeamento completo do genoma humano. O que isso trará de benefício para a humanidade o tempo dirá, mas já se pode dizer que é uma das maiores conquistas científicas de todos os tempos.

A Revolução Informacional tem seus prós e seus contras. Os prós são muitos, inumeráveis. Para mencionar apenas dois: o ensino a distância e a videoconferência que podem colocar professores laureados, por exemplo, da Universidade de São Paulo, em contato, em tempo real, com as escolas de Roraima ou do Amapá. Os resultados de pesquisas de cientistas brasileiros sobre certa forma de câncer que podem ser colocados à disposição de pesquisadores em qualquer parte do mundo e receber deles os resultados das suas pesquisas. (Caso real.)

Desemprego e exclusão social Quanto aos contras, o que nos diz respeito mais diretamente é o desemprego e a decorrente exclusão social. Com efeito, o informacionalismo vem trazendo a cibernética para dentro das empresas e com ela as máquinas de alta tecnologia, que vão substituindo o trabalho humano pelo trabalho mecânico. Diz o economista Jeremy Rifkin em THE END OF WORK:

Desde sempre a civilização se estruturou largamente em torno do conceito de trabalho. Do caçador/coletor paleolítico ao agricultor neolítico ao artesão medieval ao trabalhador da linha de montagem do nosso século, o trabalho tem sido uma parte integral do dia-a-dia. Agora, pela primeira vez, o trabalho humano vem sendo sistematicamente eliminado do processo produtivo.

Como resume Gilberto Dupas em ÉTICA E PODER NA SOCIEDADE DA INFORMAÇÃO: "A capacidade de produzir mais e melhor não cessa de crescer. Paciência que tal progresso traga consigo regressões, desemprego, exclusão, pauperização, subdesenvolvimento."

E o escritor e consultor de administração Peter Drucker (por Antônio Corrêa de Lacerda em O IMPACTO DA GLOBALIZAÇÃO NA ECONOMIA BRASILEIRA):

Um país, um ramo industrial ou uma empresa que coloque a preservação dos empregos industriais produtivos na frente da competitividade internacional (que implica continuado enxugamento desse tipo de emprego) brevemente não terá mais produção nem empregos. A tentativa de preservar esse tipo de emprego é realmente a receita do desemprego.

Segundo a escritora Vivianne Forrester, "vivemos um momento de mutação de uma civilização fundada no emprego". E a pergunta se impõe: é possível conceber uma civilização ancorada no *desemprego*? Tomando não apenas os indivíduos mas a sociedade como um todo: será que ela agüenta sem comoção porventura incontrolável, ou melhor, *certamente* incontrolável ver pouco a pouco desaparecerem as oportunidades de emprego e portanto de remuneração e portanto de subsistência? Quando se fala nas conseqüências fatais do desemprego pensa-se, naturalmente, nos *empregados* que perdem a colocação: será que eles agüentam? Mas é preciso perguntar também: e a empresa? Será que ela agüenta? TEMA PARA REFLEXÃO (montado a partir de considerações de Jeremy Rifkin): "Não há empresa próspera sem massa de consumo, não há massa de consumo sem massa de salários, não há massa de salários sem massa de empregos. Donde: sem emprego não há empresa."

Essas considerações nos remetem a Franklin Roosevelt e ao *New Deal*, ao enorme esforço do governo americano para tirar o país da recessão, da *great depression*. Um *slogan* sugestivo e densamente keynesiano daqueles tempos era *more jobs to buy more goods* (mais empregos para comprar mais produtos). E, de fato, o governo criou empregos aos milhões, em projetos como o Tennessee Valey Authority, como a construção das represas do Boulder e do Grand Coulee. Só o Civilian Conservation Corps (CCC) que, como o nome indica, dedicou-se à preservação ambiental, gerou três milhões de empregos. O *emprego* foi um dos grandes responsáveis pela vitória do país sobre a recessão. Diante disso, o que devemos pensar do *desemprego*?

Duas concepções A seguir, alguns comentários sobre emprego e desemprego à luz de dois modelos, de duas concepções de empresa, sem perder nunca de vista que a prosperidade é meta primacial e inarredável de toda empresa. Sem empresa próspera não há emprego, não há trabalho, não há salário para subsistência e a sociedade se transformaria num caos. (Lembrar que o que vai grifado representa transparência.)

> Um modelo de tradição multissecular que entende que a empresa é fundamentalmente uma combinação de métodos e mecânicas no seio da economia destinada a produzir coisas para auferir lucro.
>
> Um modelo que complementa o primeiro acrescentando-lhe o conceito de que

a empresa, além de produtora de coisas para auferir lucro, é, antes e acima de tudo, a organização, no seio da sociedade, dos relacionamentos de seres humanos que procuram, no trabalho, o caminho da auto-realização.

No segundo modelo, a coisa é considerada meio a ser trabalhado para promover um objetivo-homem. E o que é que nos leva a crer que o objetivo da empresa é o homem e não a coisa? A resposta está num enorme ovo de Colombo: porque não se administram coisas, só se administram pessoas; não se administram tornos ou fresas ou bisturis, administram-se torneiros, fresadores e cirurgiões. *Administrar é administrar gente.*

No outro modelo, o homem é considerado meio a ser trabalhado para promover um objetivo-coisa, considerando coisa máquina, equipamento, técnica, produtividade, dinheiro vivo, mercado ou o que for. (Creio que nem é preciso ressaltar que, como dito anteriormente, todas essas coisas são importantes para a empresa que sem elas não sobrevive ou sequer existe. São, portanto, boas. Mas somente – dada sua relevância não faz mal repetir – até o ponto em que começam a prejudicar o humano, a esgarçar o tecido social, a provocar desemprego em massa e exclusão, a levar, pelo desemprego, tristeza e infelicidade a milhões de famílias que o mundo moderno está vendo, consternado, serem jogadas à margem da sociedade.) Este é o modelo que, coerindo com seu objetivo, promove também o desemprego e a exclusão social. E o que pode ser feito nos dias de hoje para evitar desemprego e exclusão social?

Sendo bem realista: nas condições atuais de organização e administração ainda crivadas dos resíduos de critérios e práticas que remontam ao século XVIII, século da Revolução Industrial na qual o objetivo-coisa e a coisificação das relações de trabalho reinavam soberanas, é difícil (não impossível) evitar o desemprego.

Mas será aceitável a alternativa de continuar contribuindo conformadamente – ou inconformadamente mas contribuindo sempre – para alimentar o flagelo do desemprego e da exclusão social? Não é aceitável sem pelo menos uma tentativa de mudança. Mas será que essa tentativa terá sucesso? Vejamos o que diz o lingüista americano Noam Chomsky: "Se agirmos com a idéia de que não haverá possibilidade de mudança para melhor, estaremos garantindo que não haverá mudança para melhor."

A empresa solidária Partindo da idéia de que pode dar certo, não seria o caso de se pensar em alguma coisa nova, diferente, de começar a criar aqui e agora a empresa do futuro capaz inclusive de novas abordagens para o problema do desemprego? O que é que nos impede?

O FRH chama a empresa do futuro de empresa solidária, já definida. E aqui é oportuno adiantar um pouco mais esse conceito de objetivo-homem que pode ser tido como simples fantasia, mas que é plenamente realista sendo o grande contributo para a prosperidade da empresa. Basta, usando uma metonímia, tomar o substantivo homem pelo seu plural: homens, o objetivo está em todos os homens e mulheres da empresa que decidem solidariamente o que é melhor para todos, ingrediente básico da empresa solidária. Trata-se de compatibilizar os objetivos da empresa com os objetivos dos homens que são a empresa, já falamos sobre isso. Quando num grupo todos concordam em buscar as mesmas metas, a satisfação de um significa a satisfação de todos, significa a comunhão de todos na busca de propósitos comuns que são os propósitos ou os objetivos da empresa. Nesse momento o objetivo da empresa passa a ser um objetivo-homem. Realiza-se aí a imagem, cediça mas não menos verdadeira, de "todos remando na mesma direção". O objetivo-homem, como se vê, não tem mistério nenhum, sendo o grande propulsor da produtividade.

E como se constrói uma empresa solidária? O FRH não tem nenhuma fórmula pré-fabricada. Por isso consultou quem mais entende do assunto: empresários e pessoas representativas da sociedade empresarial. O resultado praticamente unânime apontou para a administração participativa como o caminho para preparar a empresa para o impacto da Revolução Informacional. Dificilmente se traçaria caminho mais realista. Diversas práticas que levam à administração participativa são do conhecimento do empresariado e aplicadas por muitas empresas no Brasil. Trata-se, portanto, para chegar à empresa solidária, simplesmente do alargamento e aprofundamento, ou seja, do aperfeiçoamento de metodologia conhecida e não de alguma invenção mirabolante.

Mas, para construí-la é preciso eliminar os resíduos negativos do século XVIII e também a mentalidade taylorista tão bem sintetizada no seu conhecido aforismo: "Todo empregado deve ter em mente que cada fábrica existe agora e sempre com o propósito de pagar dividendos aos seus proprietários."

Mudar essa infeliz ideologia – ou seja, mudar essa *mentalidade* – tão arraigada no pensamento e na prática da administração de empresas é um grande problema. Acho que é o *maior* problema. E os grandes problemas exigem grandes soluções. O que é preciso então é mudar em 180° a orientação da empresa: de um objetivo-coisa para um objetivo-homem, não faz mal repetir. O homem que é o criador e portanto o princípio da empresa é o seu objetivo *natural*, o seu fim, a sua razão de ser. *Artificial* é consagrar a coisa como objetivo.

Um novo empresário para uma nova administração E como será a figura dessa nova empresa? O desenho completo ainda não temos, mas alguns traços já estão se evidenciando: **1.** Exigência de maior escolaridade em todos os níveis da organização; **2.** Proficiência nas disciplinas que compõem a ciência da computação; **3.** Multiespecialização, quer dizer, capacitação não em uma, como tradicionalmente, mas em diversas especialidades; esses três requisitos por si só são suficientes para mostrar que o antigo funcionário rotineiro será substituído pelo colaborador participante, e que, sem qualificação profissional de nível internacional em todos os níveis da pirâmide, refinada a ponto de permitir colaboração com a ciência para criação local de novas tecnologias, o Brasil dificilmente sairá da periferia econômica; **4.** Influência crescente no comando da empresa dos profissionais capazes de dominar as tecnologias e desenvolver novas técnicas, com ascendência sobre os proprietários dos meios de produção; **5.** Aparecimento, no panorama empresarial, das *centerless corporations* (organizações sem comando central) espraiadas por um arquipélago de *unidades de negócio* que se comunicam pela conexão de redes digitais interativas; **6.** Entre os funcionários, a vizinhança física, visual, substituída pela *vizinhança eletrônica* via computador; **7.** Uma mudança estrutural: o achatamento do tradicional organograma em pirâmide para um desenho horizontal representando pessoas não umas acima das outras, mas uma ao lado das outras, trabalhando em equipe, vinculadas a uma hierarquia derivada da competência e não do cargo. Chamo atenção: *capacitação profissional de nível internacional é uma das urgências brasileiras decisivas para o futuro do País.*

Qual será o desenho gráfico dessa estrutura? Qual será a leitura que os funcionários (ou o que quer que tome o seu lugar) farão dela?

Essa pergunta recobre um problema crucial. Com que facilidade/dificuldade os funcionários decodificarão a nova empresa, seu perfil organizacional, seus princípios, critérios, normas, diretrizes, códigos de conduta e relacionamento etc. etc.?

Eu trabalhei em três empresas: uma tecelagem de resíduos de algodão no interior do Estado de São Paulo, a Ford e a Fepasa na capital. A primeira tinha uma operação quase 100% manual e maquinaria de mínimo conteúdo tecnológico. A Ford não podia ser mais diferente. Tinha operação largamente automatizada e (para a época) máquinas de alto conteúdo tecnológico.

Acostumado a uma longa prática na indústria, saí da Ford para a Fepasa, uma ferrovia, empresa de serviços, como diretor de RH e organização.

Nas três pude me sentir "em casa" porque todas tinham uma herança estrutural e administrativa comum.

Tudo isso quer dizer que a empresa, que o empresário, além de se armar de toda a bagagem intelectual e tecnológica de que necessita para enfrentar os desafios da ciberempresa, tem que se preocupar e se ocupar em profundidade com o preparo de todo o seu pessoal e torná-lo apto a decodificar com facilidade a nova empresa.

Temos, portanto, pela frente uma *nova* organização, uma *nova* administração, uma *nova* empresa. Para manter viva sua organização, o empresário precisa metabolizar tudo isso. Ou então...

Ao nosso alcance está a rara oportunidade de criar uma nova lógica organizacional e consubstanciá-la em um novo modelo administrativo quem sabe chamado *participacionismo*. E por que não? Será que Taylor e Fayol, no fim do século XIX, encerraram definitivamente o assunto organização? Na década de 1960, os japoneses varreram para fora do Japão a administração fordista-taylorista de produção em massa e criaram a administração toyotista-000 de produção enxuta *(lean production)*. Nós também podemos criar uma organização brasileira século XXI aderente à nossa cultura, à nossa peculiar maneira de gerir, à nossa concepção de relações humanas no trabalho.

Nós vimos, e a História da civilização confirma sem deixar nenhuma margem à dúvida, que nas grandes revoluções tecnológicas a sociedade muda acompanhando os avanços da tecnologia. Foi assim na Revolução Agrícola do neolítico, foi assim na Revolução Industrial do século XVIII, é assim na Revolução Informacional do século XXI em que, percebamos ou não, e infelizmente há muita gente que deveria perceber e não percebe, estamos todos envolvidos. A empresa, pública ou privada, é quem promove e administra o desenvolvimento tecnológico, sendo portanto a grande incubadora da mudança social. Ao empresariado está reservado o papel privilegiado de agente dessa mudança.

A responsabilidade do RH Mas, para orientar a empresa, para montar o mais adequado modelo de administração participativa capaz de enfrentar com sucesso problemas tão graves quanto as novas formas impermanentes das relações de trabalho, tão terríveis quanto o flagelo do desemprego, tão importantes quanto a adaptação ao novo desenho do organograma, tão sérias quanto a necessária criação de padrões operacionais na empresa em rede, (tudo isso imprescindível à prosperidade da organização) não há, no mosaico organizacional, ninguém, repito ninguém mais preparado, mais capaz, mais competente e mais interessado do que o profissional de RH.

É uma admirável missão que esses rapazes e moças de RH — os que são capazes de entender o alcance da sua atuação como mais do que a manutenção de normas administrativas — devem abraçar com alegria para o bem de quem trabalha em todos os níveis da estrutura, para o bem da empresa, da economia e do País.

CAPÍTULO 13 | **LEITURAS**

*O pós-modernismo é apenas reflexo e aspecto
concomitante de mais uma modificação sistêmica
do próprio capitalismo.* | **Frederic Jameson**

Encerrado o *workshop*, tinha por hábito distribuir aos participantes leituras como *aide-mémoire* ou complemento do exposto. Duas delas vão a seguir.

1. O papel da empresa e do empresariado na Era da Informação

A sociedade contemporânea está vivenciando uma profunda revolução tecnológica que vem provocando a transformação de uma economia baseada, desde o século XVIII, na produção industrial na qual predomina o complexo-tecnológico metal-mecânico, para uma nova economia caracterizada pelo predomínio do setor terciário, dinamizado pelo complexo tecnológico microeletrônico cujo referencial mais expressivo é a tecnologia da informação. Resultantes são as notáveis mudanças socioeconômicas consubstanciadas no que se convencionou chamar de Revolução Informacional.

O principal agente dessa revolucionária mudança é a empresa, pois é ela a grande incubadora das conquistas tecnológicas que afetam, em profundidade, o ser social de que a ordem econômica é indestacável.

Para entrar, no entanto, com sucesso nessa nova fase histórica, o empresariado precisa acompanhar de perto a mudança, redesenhando a estrutura da empresa e remodelando sua administração, repensando critérios e mentalidades tradicionais para adaptá-las à nova ordem mundial e não cair em obsolescência. Como diz Lewis Mumford referindo-se à Revolução Industrial:

Antes de todas as grandes invenções materiais dos séculos XVIII e XIX não houve apenas um longo desenvolvimento interno de técnicas: houve também uma mudança de mentalidade.

(O mesmo pode se dizer do século XXI e da Revolução Informacional.) Estudiosos dos dois lados do Atlântico prevêem que o perfil organizacional da nova empresa irá caminhando para a horizontalização, a partir da atual pirâmide com o menor número eficaz de níveis de organograma.

O "achatamento" virá (já está vindo via *downsizing*) e virá naturalmente, ao compasso das novas relações de trabalho cada vez mais influenciadas pelo inevitável crescimento educacional dos funcionários de todos os níveis. Com efeito, as grandes conquistas da tecnologia provocadas pela microeletrônica, pela nanotécnica, por tudo aquilo que caracteriza o extraordinário desenvolvimento da cibernética, geratriz da Revolução Informacional, exigem conhecimentos técnicos sem precedentes (repetindo) em *todos dos níveis da organização*.

O progressivo aumento da escolaridade e portanto das competências irá abrindo caminho para a solidariedade de todos, tendendo para uma organização solidária, para uma empresa solidária na qual todos poderão decidir, solidariamente, o que é melhor para todos, na qual todos serão levados a compartir dos êxitos, mas também dos insucessos.

A empresa solidária será uma organização necessariamente próspera, pois, como já foi dito, a prosperidade é elemento primacial e inarredável de todo empreendimento. Sem prosperidade não há emprego, não há trabalho e a sociedade se transformaria num caos.

A matéria-prima da empresa solidária é a *administração participativa*, caminho realista porque não representa novidade nenhuma: muitas práticas que preparam a empresa para a administração participativa são aplicadas, há décadas, por tantas e tantas empresas no Brasil. Não é preciso, portanto, *inventar* algo novo, somente *aperfeiçoar* o que o empresariado já conhece.

A tendência à administração participativa é evidente. Consultas a mais de duzentas pessoas representativas da sociedade empresarial levada a efeito pelo FRH comprovam-no com clareza. Nessas consultas observaram-se práticas tais que comunicação horizontal e vertical cada vez mais fluente, contato multi-hierárquico e interdisciplinar freqüente, avaliação 360°, reuniões informais para fomentar a sociabilização. Além disso, vão se tornando rotineiras práticas como pesquisas internas de opinião, participação nos resultados, participação do pessoal na elaboração do planejamento estratégico (este, o mais influente fator de integração).

2. O perigo de ficar à margem de uma grande revolução tecnológica

Em 1703, Portugal celebrou com a Inglaterra o Tratado de Methuen pelo qual organizava sua economia de maneira a centrar-se na agricultura, a importar manufaturados da Inglaterra e a não fabricá-los no país. Com isso, permaneceu uma nação de economia primário-exportadora. (Uma das suas principais commodities de exportação, o vinho do Porto, era em grande parte controlada por capitais ingleses.) Ficou à margem da Revolução Industrial, marginalidade que comunicou à colônia brasileira.

O resultado foi um enorme atraso da nossa industrialização e, portanto, do nosso desenvolvimento econômico. Alguns dados expressivos: em 1900, o Brasil fabricava duas mil toneladas de ferro-gusa; a Alemanha, 8 milhões; a Inglaterra, 9 milhões; os Estados Unidos, 14 milhões; o mundo, 40 milhões (tudo em números redondos). Duas mil toneladas os Estados Unidos, nosso coetâneo de descobrimento, exportavam em 1750, muito embora a Inglaterra, pelos Iron Acts, tenha proibido a colônia de fabricar.

Em 1935, a revista Espelho falava no "adiantado desenvolvimento industrial" de São Paulo:

A fiação e tecelagem de algodão, a indústria das sedas, o fabrico de calçados e chapéus, as confecções que se associam e completam as atividades de tecelagem, a cerâmica, a produção de óleos, sabão, chocolate...

Segundo Roberto Simonsen, em 1939, "... predominam as indústrias de produtos de alimentação e vestuário, isto é, as de artigos para consumo imediato", quer dizer, as de mínimo conteúdo tecnológico como as do artigo da Espelho. (Em 1925, a Ford americana fabricava um carro a cada 15 segundos.)

O governo brasileiro só começa a interessar-se e a prestigiar a indústria depois de 1930, quando Getulio Vargas quebrou o "eixo café-com-leite" que dava a Presidência da República alternadamente a Minas e a São Paulo ancorando a economia brasileira na agropecuária primário-exportadora como o Portugal setecentista.

Ficando à margem de uma grande Revolução Tecnológica, de 1750 à década de 1930, o Brasil teve um atraso econômico de no mínimo duzentos anos.

CONCLUSÃO | *Não procuro realizar projetos desmesurados nem prodígios que me ultrapassem.* | **Salmo 131**

Ao colocar o ponto final no livro, a sensação que tive foi de ter "chegado lá". E chegado com a alegria que sempre tive ao falar ou escrever sobre trabalho, sobre empresa, esse peculiar sistema social que agrega pessoas de tantas idades, de tantas procedências, de tantas formações, irmanadas pelo milagre da cooperação que é o momento em que o homem sai do seu casulo animal e se transforma nesse mistério da natureza que somos nós. E o que quereria dizer "chegar lá"? São muitos os significados. Quer dizer, por exemplo, escrever mais um livro, divulgar coisas em que você acredita, materializar sua experiência fora de você, mirar-se nela e colocá-la à disposição dos outros. Quer dizer, por exemplo, sonhar com um projeto e trabalhar nele até onde suas forças e suas capacidades permitirem. Quer dizer, por exemplo, atingir uma idade avançada com a cabeça funcionando e com disposição para trabalhar. Quer dizer, por exemplo, empenhar todas as suas energias para ser integralmente o que se pode ser, que é a definição de "auto-realização".

Mas, na procura da auto-realização, é fundamental que se avalie a força das próprias energias, das próprias aptidões, dos próprios talentos para não projetá-los para além dos próprios limites.

Se me atrevesse a dar um conselho aos jovens, diria que, ultrapassada a adolescência – quando se quer conquistar o mundo (e se acha que se pode) –, quando a maturidade começa a mostrar seu rosto, diria que, a essa altura da ampulheta, começassem a avaliar suas competências e o seu *drive*, começassem a estimar seus limites, prever até onde sua força interior pode levá-los. E procurar – sem timidez, "pensando grande", mesmo sonhando mas sem se superavaliar – construir seus objetivos dentro desses limites. E lutar por eles. (Superavaliar-se, deslizar para a arrogância, é um dos mais graves fermentos da autodestruição.)

Procurar atingir seus limites quer dizer procurar encontrar-se com sua auto-realização que só se atinge pelo trabalho perseverante, trabalho que é seiva de vida, tônico psicológico, matéria-prima da felicidade. Mas que não tem sido geralmente compreendido pela sociedade – especialmente pela sociedade empresarial – em toda a sua dimensão.

Há uma certa tendência a considerá-lo alguma coisa como "mal necessário", como um inevitável sacrifício para garantir a subsistência, talvez influenciada pelos dizeres da sentença do Éden: "Com o suor do teu rosto comerás teu pão." Acontece que a sentença não é um castigo mas sim uma bênção. Mas, infelizmente, uma bênção que pode ser transformada em castigo. E, ainda mais infelizmente, com freqüência, é.

Através da História, o "trabalhador" tem sido o deserdado da sociedade. (Já discorri longamente sobre isso em mais de uma oportunidade. Mais recentemente no já citado O FUTURO DA ADMINISTRAÇÃO DE RECURSOS HUMANOS NO BRASIL.)

Trabalhador vai acima entre aspas porque a expressão costuma identificar aquele que trabalha para os outros, que vive vendendo sua mercadoria-trabalho recebendo uma remuneração que lhe é estipulada por quem o emprega. O que, aliás, é a definição de "proletário". Quem trabalha por conta própria, mesmo em trabalho mais pesado do que o assalariado, é considerado numa categoria diferente, de maior prestígio. Trabalha duro, mas não é considerado "trabalhador". Ou, quando é chamado de trabalhador, o vocábulo é empregado como adjetivo. Como substantivo – variações: operário, peão, braço, braçal, cabeça – ele degrada a condição social.

Foi sempre assim. As abomináveis condições nas fábricas e minas da Revolução Industrial parecem ter estigmatizado o trabalho como uma atividade perversa e o trabalhador como um condenado. (E naqueles anos – cujas sombras se projetaram por bem mais de dois séculos – as coisas eram assim mesmo.)

Mas será que antes do século XVIII "as coisas" eram melhores?

Antes do século XVIII temos o servo da gleba medieval e, na "indústria", a oficina doméstica com mestre, companheiro e aprendiz numa organização paternal que foi, ao que parece, bastante romanceada.

Segundo Philippe Wolff na tradução espanhola do também já citado HISTOIRE GÉNÉRALE DU TRAVAIL:

> Poucos temas na História têm dado lugar a tantas lisonjeiras inexatidões quanto as corporações de ofício medievais. Visões enternecedoras do pequeno patrão repartindo o pão familiar com seus companheiros e aprendizes, representantes de uma sociedade de modestos chefes de oficina realizando um ideal cristão de vida trabalhadora e discreta em que se cumprem os requisitos da justiça, dando a cada um o que lhe pertence do bem comum.

Diz Wolff que organizações assim devem ter existido. Mas que o comum era bem diverso, com companheiros e aprendizes diariamente recrutados para o trabalho da oficina doméstica. Em Paris, eles eram procurados na Place de Greve, onde se reuniam trabalhadores sem trabalho à espera de recrutamento. (O nome "greve", paralisação do trabalho, vem daí.)

O tratamento dispensado pelos mercadores das corporações de ofício do século XVIII (mestres do ateliê doméstico enriquecidos), que *de facto* escravizavam seus operários, não deve ter sido geração espontânea.

Hoje em dia, a brutalidade setecentista (e posterior) foi substituída por uma pena mais requintada: a demissão, o corte, o "facão", ameaça permanente a todos os níveis da organização. Mas o corte de pessoal também não é novidade. No fim do século XVIII, operários cortados em massa pelo advento da máquina já se revoltavam e se uniam no movimento ludita que assaltou fábricas e oficinas quebrando as *coisas* que os lançavam na marginalidade. Como ensina o estudioso dos luditas Kirkpatrick Sale em INIMIGOS DO FUTURO:

> ... os luditas – muitos deles cardadores, tecelões e alfaiates, além de artesãos, envolvidos no comércio de algodão cada vez mais próspero no fim do século XVIII – foram vítimas do progresso, ou do que se considerava assim.

(O livro de Kirkpatrick Sale tem como subtítulo *A guerra dos luditas contra a Revolução Industrial e o desemprego*. Hoje, esse subtítulo poderia ser "a guerra dos excluídos do século XXI contra a Revolução Informacional e o desemprego".)

O desemprego, o flagelo da exclusão social, a queda na pobreza, às vezes na miséria, são a grande preocupação e o grande temor de quem trabalha. São a grande apreensão de quem estuda as condições de trabalho. A cibernética que invade as empresas, trazida pela tecnologia da informação, vem contribuindo seriamente para o aumento do desemprego levando para a exclusão trabalhadores mesmo altamente qualificados que anteriormente tinham sua colocação garantida, como os ferramenteiros. Segundo o sociólogo Adalberto Moreira Cardoso em TRABALHAR, VERBO TRANSITIVO, as montadoras de automóveis "em menos de dois anos reduziram pela metade o número de ferramenteiros em suas plantas". Esse exército de desocupados vem sendo acrescido do "envelhecimento das qualificações". Na empresa de hoje, a "velhice" chega aos quarenta, aos 35 anos. Repetindo Patricia Cinti em seu artigo já mencionado:

> São esses que, junto com os aposentados mas também junto com os jovens não providos de uma formação técnica adequada para o que está sendo solicitado pelo sistema econômico, formam um novo proletariado rechaçado pelo progresso.

Um fato triste, que chama atenção, é a trivialização do desemprego. A superficialidade com que tem sido considerado por tanta gente na sociedade empresarial, como se fora alguma coisa natural, como se fora uma parte indestacável de toda sociedade: "Pobreza sempre houve e sempre haverá...", diz-se com condescendente cinismo. O curioso é que a crença na estruturalidade do desemprego, inclusive de gente francamente conservadora, coincide com a visão de Rosa Luxemburgo sobre os excluídos, o chamado *lumpenproletariat*. Diz ela, em A LUTA CONTRA A CORRUPÇÃO, que os excluídos são "uma parte integral do todo social". Essa coincidência, aliás, não tem nada de extraordinário. O capitalismo selvagem tem muito em comum com o comunismo.

O fato é que apesar de tudo o que se tem dito, escrito, proclamado e romantizado, o trabalho e o trabalhador continuam mal compreendidos e impropriamente tratados, haja vista a universal coisificação das relações de trabalho.

Parece-me que é por ser o trabalho considerado como substância exterior à nossa vida e à nossa personalidade, alguma coisa extra nós que se arvora ou se veste quando se entra no local de trabalho, quando se inicia uma tarefa. E sempre alguma coisa que se faz para ganhar dinheiro.

E, no entanto, trabalhar é bom. Senão o homem não trabalharia desde sempre. O *homo erectus* já trabalhava com utensílios de pedra, e o *idaltu* trabalhava também. Caso contrário, nós não seríamos o que somos e não faríamos o que fazemos. Sendo assim, o trabalho deve ser considerado não um objeto exterior justaposto ao fazer cotidiano, nos dias úteis, não uma mercadoria – o trabalho não é mercadoria – mas um ingrediente psicofisiológico arrolado entre as matérias-primas da nossa capacidade de ser, tão fundamental quanto a necessidade de alimento e de abrigo, tão estimulante quanto a curiosidade, tão efervescente quanto a inspiração, tão motivador quanto a esperança, tão natural e tão empolgante quanto o ato de procriar.

Mas é preciso considerar que tudo isso tem duas faces, tudo isso pode ser uma bênção ou um castigo. A curiosidade exacerbada e malsã é um castigo, a esperança deslumbrada é um perigo e procriar com a mulher que se odeia deve ser o hall de entrada do inferno.

O trabalho também tem duas faces e tem sido com freqüência (e freqüentemente com razão) observado e conotado via face ruim.

A escravidão da Antigüidade e dos dias de hoje, a servidão medieval, a servidão-remunerada na mina inglesa setecentista ou na mina americana século XX no Logan County, West Virginia, são formas detestáveis de trabalho, são face ruim.

Trabalhar no chão da fábrica, em boas condições de salubridade, com remuneração justa e sabendo qual o objetivo do trabalho, podendo opinar sobre o processo e sobre a qualidade, é face boa.

Escrever um livro, trabalhar mesmo duro como executivo ou consultor, "molhar a camisa" divulgando uma ideologia em que se acredita tendo como única remuneração a consciência de prestar serviço, são face boa.

Prestar serviço, trabalhar *sem remuneração*. O que é que isso significa?

Significa que, analisando com cuidado, a remuneração nos separa do trabalho, faz parecer que se trabalha não para cristalizar fora de nós o produto do nosso esforço e da nossa inteligência com o objetivo de crescer, mas para ganhar mensal ou quinzenalmente um cheque ou um envelope com dinheiro. E trabalhar tendo como objetivo só o dinheiro é uma grande tristeza.

Falo por mim. O trabalho, principalmente de RH, em todos os degraus da estrutura (que percorri desde a base), salvo raras exceções, sempre me foi um prazer, mesmo quando exaustivo.

Caí por acaso no trabalho de RH. E RH sempre me deu alegria e motivação tanto para as tarefas do cargo quanto para o estudo de disciplinas que me auxiliavam a ser um administrador melhor. Não me vejo exercendo nenhuma outra atividade. Na constelação de cargos administrativos em que me envolvi, RH deu-me a grande oportunidade e a grande alegria de trabalhar perto dos meus conterrâneos em todos os níveis de organograma, principalmente os do chão da fábrica, onde encontrei atmosfera às vezes bem mais purificada, bem mais leal do que nos níveis superiores.

Num resumo: o trabalho, além de inesgotável fonte de alegria interior, foi uma das matérias-primas que mais marcaram a formação da minha personalidade.

Esse conceito sobre o valor e o efeito do trabalho é claro que não é propriedade minha. O mesmo conceito vale para muitos.

Vale para muitos! E por que não *vale para todos* quando pode, quando precisa valer para todos?!

Nenhum momento da História foi mais propício à humanização universal do trabalho, ou seja, à possibilidade de que o trabalho seja bom para todos. Em nenhum momento ficou mais claro que o trabalho não precisa ser o mal inevitável, ficou mais claro que o dinheiro que se ganha trabalhando não é o objetivo do trabalho, mas sim um meio admirável para uma vida melhor para si e para os seus.

Hoje o trabalho – prática e conceito – está num momento que tanto pode ser privilegiado quanto desastroso. Desastroso se a empresa, embevecida com a produtividade da máquina, continuar cortando sistematicamente, às vezes mesmo obsessivamente.

Privilegiado porque a tecnologia da informação é o veículo que permite a mudança de conceito e prática, pela educação que exige, que leva à formação de empregados que, cada vez mais escolarizados, promovem maior aproximação entre os diversos níveis, tendendo a um nivelamento impensável em 1945, quando comecei a trabalhar, quando uma boa porcentagem do pessoal da fábrica era analfabeta, quando os mestres e mestres-gerais que mandavam na produção eram semi-alfabetizados. O aumento de escolaridade, largamente facilitado pelo *e-learning*, torna o terreno fértil para a administração participativa em que todos devem decidir solidariamente o que é melhor para todos, inclusive se o corte de pessoal é inevitavelmente a melhor solução sempre. E nós sabemos que não é.

O clássico funcionário pau-mandado sai de cena e abre espaço para o colaborador participante, para o *brainworker*, trabalhador inteligente que quer conhecer a empresa e influir nos seus rumos. (O que significará não apenas realização para o empregado, mas lucro, muito lucro para a empresa.)

Diz o historiador Nicolau Sevcenko que "educação, ciência e tecnologia são as três chaves da nossa era", e afirma Michel Serres que "o saber tornou-se a nova infra-estrutura".

Uma nova sociedade empresarial nascerá da nova formação profisional do trabalhador.

Já vimos anteriormente que "para onde for a empresa a sociedade irá também". A História o comprova categoricamente. Porém, a dinâmica, a vida, a alma da empresa está substancializada no trabalho que a movimenta. O que quer dizer que o trabalho, as condições e os inter-relacionamentos dos trabalhadores entre si e com a empresa devem ser considerados como modeladores das sociedades.

Passemos a palavra a uma das maiores autoridades no assunto, Manuel Castells em A SOCIEDADE EM REDE:

> O processo de trabalho situa-se no cerne da estrutura social. A transformação tecnológica e administrativa do trabalho e das relações produtivas dentro e em torno da empresa emergente em rede é o principal instrumento por meio do qual o paradigma informacional e o processo de globalização afetam a sociedade em geral.

É nessa dimensão que o trabalho precisa ser visto, estudado e praticado. E compreendido como um dos mais importantes dinamogênicos do desempenho social. Queira Deus que a empresa e a sociedade empresarial brasileiras se apercebam disso.

Sou um apaixonado pela empresa enquanto sistema social. E acho que, sendo a força mais produtiva, mais poderosa da sociedade civil, à empresa cabe – se ela quiser e se compreender o seu dever perante a sociedade em que e de que vive – o mais importante dos papéis na construção de uma sociedade mais justa. Por isso é preciso organizar uma *nova empresa*, desvinculada dos padrões estruturais, mas principalmente dos *critérios* que a condicionam e estigmatizam desde a Revolução Industrial, desde antes. Uma empresa voltada para o homem, compreendendo a economia como um bem *social* e não como um veículo de acumulação de riqueza. Compreendendo que o desemprego tem sua origem na empresa quando ela corta os empregos. E que portanto é preciso repensar a empresa, imaginá-la numa outra estrutura, numa outra administração, numa outra dinâmica: numa dinâmica social. Aí o problema do desemprego será resolvido porque o homem será finalmente reconhecido como mais importante do que a coisa, será considerado *o objetivo último da empresa*.

Nós não estamos trabalhando no campo das suposições, mas no campo da realidade. A *nova empresa* está chegando, e vem vindo para substituir *necessariamente* uma empresa envelhecida, eivada de vícios do passado que a degradam como a coisificação das relações humanas, montada num organograma vertical que já está com o prazo de validade vencido, usando métodos de comunicação ultrapassados, movida por funcionários que precisam se atualizar. E que, ainda por cima promove desemprego e exclusão social.

Terminando e enfatizando: a sociedade está mais uma vez enfrentando um momento histórico de ruptura socioeconômica com o passado, com inevitável e profundo impacto sobre a empresa, uma das mais fortes expressões da socioeconomia.

Mas o empresariado não está se preparando geral e adequadamente para enfrentar as conseqüências que essa ruptura desencadeará de modo inevitável sobre suas empresas. E, infelizmente, está se fixando geral e preferencialmente na vertente mais negativa das conquistas da tecnologia da informação: o corte de pessoal.

Isso é muito grave.

REFERÊNCIAS BIBLIOGRÁFICAS

ALVES, Giovanni. *O novo (e precário) mundo do trabalho*. São Paulo: Fapesp, 2000.

ARAÚJO, Emanuel. *O teatro dos vícios*. Rio de Janeiro: José Olympio, 1997.

ARGYRIS, Chris. *Personality and organization — Interpersonal competence and organizational effectiveness*. Nova York: HarperCollins, 1957.

ARRIGHI, Giovanni, SILVER, Beverly. *Caos e governabilidade no moderno sistema mundial*. Rio de Janeiro: Contraponto, 2001.

ASSMAN, Hugo, SUNG, Jung Mo. *Competência e sensibilidade solidária*. Petrópolis: Vozes, 2000.

BAUMAN, Zygmunt. *Ética pós-moderna*. Trad. João Rezende Costa. São Paulo: Paulus, 1997.

BOBBIO, Norberto. *Direita e esquerda*. Trad. Marco Aurélio Nogueira. São Paulo: Unesp, 2001.

BROWN, James E. C. *The social psychology of industry*. Harmondsworth: Penguin Books, 1954.

CARDOSO, Adalberto Moreira. *Trabalhar, verbo transitivo*. Rio de Janeiro: FGV, 2000.

CARONE, Edgard. *O pensamento industrial no Brasil (1880–1945)*. São Paulo: Difusão Européia do Livro, [s/n].

CASTELLS, Manuel. *A sociedade em rede*. Trad. Roneide Venancio Majer. São Paulo: Paz e Terra, 2000, coleção "A Era da Informação", vol. 1.

_____. *O poder da identidade*. Trad. Klauss Brandini Gerhardt. São Paulo: Paz e Terra, 2001, coleção "A Era da Informação", vol. 2.

_____. *Fim de milênio.* Trad. Klauss Brandini Gerhardt e R. V. Majer. São Paulo: Paz e Terra, 2000, coleção "A Era da Informação", vol. 3.

CHOMSKY, Noam. *O lucro ou as pessoas?* Trad. Pedro Jorgensen Jr. Rio de Janeiro: Bertrand, 2002.

DE MASI, Domenico. *A sociedade pós-industrial.* Trad. A. M. Capovilla, L. S. Nascimento Henriques, M. A. Nogueira, M. C. Guimarães Cupertino, Renato Ambrósio. São Paulo: Ed. Senac São Paulo, 1999.

_____. *O futuro do trabalho.* Trad. Yadyr A. Figueiredo. Rio de Janeiro: José Olympio, 2001.

DRUCK, Maria da Graça. *Terceirização (des)fordizando a fábrica.* São Paulo: Boitempo, 2001.

DUPAS, Gilberto. *Economia global e exclusão social.* São Paulo: Paz e Terra, 1999.

_____. *Ética e poder na sociedade da informação.* São Paulo. Unesp, 2000.

FAYOL, Henri. *Administração industrial e geral.* Trad. Irene de Bojano e Mário de Souza. São Paulo: Atlas, 1994.

FORRESTER, Vivianne. *Uma estranha ditadura.* Trad. Vladimir Safatle. São Paulo: Unesp, 2001.

FRASER, Derek. *The evolution of the British welfare state.* Houdmills and London: Macmillan, 1984.

FREYRE, Gilberto. *Casa grande & senzala.* Rio de Janeiro: Schmidt, 1936.

GIDDENS, Anthony. *Modernidade e identidade.* Trad. Plínio Dentzien. Rio de Janeiro: Jorge Zahar, 2002.

_____. *A terceira via.* Trad. Maria Luiza Borges. Rio de Janeiro: Record, 2000.

HARVEY, David. *Condição pós-moderna.* Trad. Adail U. Sobral e Maria Stela Gonçalves. São Paulo: Loyola, 2001.

HOLANDA, Sérgio Buarque de. *Raízes do Brasil.* Rio de Janeiro: José Olympio, 1973.

KATZ, Daniel, KAHN, Robert L. *Psicologia social das organizações.* Trad. Auriphebo Simões. São Paulo: Atlas, 1970.

LACERDA, Antônio Corrêa de. *O impacto da globalização na economia brasileira.* São Paulo: Contexto, 1998.

LÉVY, Pierre. *A conexão planetária.* Trad. Maria Lúcia Homem e Ronaldo Entler. São Paulo: Editora 34, 2001.

_____. *A inteligência coletiva*. Trad. Luiz P. Rouanet. São Paulo: Loyola, 2000.

_____. *Cibercultura*. Trad. Carlos I. da Costa. São Paulo: Editora 34, 2000.

_____. *O que é o virtual?* Trad. Paulo Neves. São Paulo: Editora 34, 1996.

LEWIN, Kurt. *Problemas de dinâmica de grupo*. Trad. Miriam Moreira Leite. São Paulo: Cultrix, 1973.

LUTTWAK, Edward. *Turbocapitalismo*. Trad. Maria Caldeira Brant e Gustavo Steinberg. São Paulo: Nova Alexandria, 2001.

LYOTARD, Jean-François. *A condição pós-moderna*. Trad. Ricardo Corrêa Barbosa. Rio de Janeiro: José Olympio, 2000.

MASLOW, Abraham. *Motivation and personality*. Essex: Pearson Higher Education, 1987.

McGREGOR, Douglas. *The human side of enterprise*. Nova York: McGraw-Hill, 1960.

_____. *The professional manager*. Nova York: McGraw-Hill, 1967.

MÉSZÁROS, István. *Para além do capital*. Trad. Paulo Sérgio Castanheira e Sérgio Lessa. São Paulo: Boitempo, 2002.

MUMFORD, Lewis. *Technics and civilization*. Nova York: Harcourt, 1934.

PARIAS, Louis-Henri (coord.). *Histoire général du travail*. Trad espanhola Joaquín Romero Maura. 4 vol. Barcelona: Ediciones Grijalbo, 1965.

POCHMAN, Marcio. *O emprego na globalização*. São Paulo: Boitempo, 2001.

RIFKIN, Jeremy. *The end of work*. Nova York: G. P. Putnam's & Sons, 1995.

SAINT-HILAIRE, Auguste de. *Segunda viagem a São Paulo*. Trad. Afonso E. Taunay. São Paulo: Martins, 1953.

SALE, Kirkpatrick. *Inimigos do futuro*. Trad. Valéria Rodrigues. Rio de Janeiro: Record, 1999.

SANTOS, Milton. *Por uma outra globalização*. Rio de Janeiro: Record, 2001.

SENNET, Richard. *A corrosão do caráter*. Trad. Marcos Santarrita. Rio de Janeiro: Record, 1999.

SEVCENKO, Nicolau. *A corrida para o século XXI*. São Paulo: Cia. das Letras, 2001.

SIMONSEN, Roberto. *Evolução industrial do Brasil*. São Paulo: Cia. Editora Nacional, 1973.

STAGNER, Ross. *Psychology of industrial conflict*. Nova York: John Willey & Sons, 1956.

TAYLOR, Frederick W. *Princípios de administração científica*. Trad. Arlindo Vieira Ramos. São Paulo: Atlas, 1995.

TOURAINE, Alain. *Poderemos viver juntos?* Trad. J. A. Clasen e E. F. Alves. Petrópolis: Vozes, 1999.

ZUFFO, João Antonio. *A infoera, o imenso desafio do futuro*. São Paulo: Saber, 1997.

Este livro foi composto por Ouro sobre Azul
em fonte Joanna e impresso pela gráfica
Flama Ramos Ltda. em papel Pólen Rustic Areia $85g/m^2$
para a Editora Senac Rio em agosto de 2004.